UTILÍSIMA · Disney

Cocina para bebés de 6 a 24 meses

Las recetas que más le gustan
a Winnie Pooh

EDITORIAL ATLANTIDA

BUENOS AIRES · MEXICO

Editora jefa
Isabel Toyos

Producción general
Constanza Brunet

División Utilísima Libros
Marina Calvo

Supervisión
Ana Gambaccini
Alicia Rovegno
María Ángela Allara

Diseño de tapa e interior
Patricia Lamberti

Supervisión de diseño
Claudia Bertucelli

Producción fotográfica
Emi Pechar
Martha Cacacio
Sylvina Meloni (manualidades)

Asistente de producción
Sofía Pechar

Fotografías
Fernando Giampieri

Moldes
Laura Jardón

Corrección
Mirta Carriquiri
Ana Ruiz

Producción industrial
Fernando Diz

Preimpresión
Grupos & Proyectos

Agradecemos a
Cresko, Cabrera 4149,
Cap. Fed, tel. 4865-4149.

© Editorial Atlántida y Sandler Publicidad S.A., 2001
Derechos reservados para México:
Grupo Editorial Atlántida Argentina de México S.A. de C.V.
Derechos reservados para los restantes países de América Latina:
Editorial Atlántida S.A.
Primera Edición publicada por EDITORIAL ATLÁNTIDA S.A.
Azopardo 579, Buenos Aires, Argentina.
Hecho el depósito que marca la Ley 11.723.
Libro de edición Argentina.
Impreso en Argentina. Printed in Argentina.
Esta edición se terminó de imprimir en el mes de octubre
de 2001 en los talleres gráficos de Indugraf S.A.,
Buenos Aires, Argentina.
Tirada: 10.000 ejemplares.

I.S.B.N. Nº 950-08-2646-1

Alimentar bien a tu bebé es la mejor forma de demostrarle tu amor.

Que un niño adquiera hábitos sanos de alimentación depende del tipo y la variedad de comidas que reciba en los primeros años de vida. Por eso, **Utilísima** y **Disney** se complacen en poner en tus manos la más completa guía de nutrición para bebés de 6 a 24 meses, con las recetas que a ellos más les gustan, los ingredientes que los ayudan a crecer saludablemente y el encanto de Winnie Pooh y sus amigos. En este maravilloso libro a todo color, la cocinera de Mi bebé, Silvina Bermingham, te explica cómo elaborar los platos más deliciosos para cada etapa de maduración, mientras que la nutricionista Stella Maris García te da consejos e información acerca de los nutrientes esenciales para una dieta temprana balanceada. Por último, como regalo especial para tu bebé, las expertas en manualidades Marina Orcoyen, Martha Cacacio y Leticia Suárez del Cerro te muestran paso a paso cómo elaborar un set de mesa pintado con Winnie Pooh, un pañalero con el melancólico Igor, un medidor de altura para controlar el crecimiento de tu bebé y simpáticos souvenirs en porcelana fría para entregar como recuerdo del nacimiento o del bautismo.

¡Toda la magia de Disney y el universo de sabores de *Utilísima* **en un libro que acompañará los primeros pasos en la vida de tu hijo!**

Introducción

Alimentar, una forma de amar

El amor es un sentimiento recíproco. Cuando amamos a alguien, le entregamos lo mejor de nosotros mismos para lograr su bienestar y su placer. Es decir, lo alimentamos con nuestro amor para que crezca dentro de él el mismo sentimiento que le brindamos. Alimentar es una forma de amar: al dar alimento a los seres que más queremos, les permitimos crecer fuertes. Este alimento no consiste sólo en nutrientes, también se basa en el amor.

AMAMANTAR

La lactancia es el momento más sublime para una madre. Durante los seis primeros meses de vida del bebé, la alimentación a pecho debe ser la única que reciba. La lactancia materna no sólo fortalecerá el vínculo con el bebé, la leche de la mamá también, por sus virtudes nutricionales, hará que el niño crezca y se desarrolle en forma óptima.

Algunas de las ventajas de la leche materna son las siguientes:

1- Es más digerible y mucho más fácil de asimilar.
2- Favorece la formación de la flora intestinal.
3- Establece un vínculo más estrecho entre la madre y el niño.
4- Aporta factores inmunitarios que protegerán de enfermedades al niño. Estos elementos no están presentes en ninguna leche de reemplazo.
5- Posee las grasas que el bebé necesita para su crecimiento. La cantidad y calidad de estas grasas están en relacion directa con la alimentacion materna. Cuanto mejor sea la alimentación, mejor será la calidad de la leche.

Por todos estos motivos, la lactancia es el primer alimento del bebé y puede durar el tiempo que la mamá y su hijo lo necesiten. Más adelante, con el mismo amor, se irán incorporando los diferentes nutrientes presentes en otros alimentos.

ALIMENTAR CON BIBERÓN

Muchas veces, aunque la mamá quiera hacerlo, le resulta imposible amamantar a su hijo por falta de leche o por otros motivos. En estos casos, es importante consultar con el pediatra para decidir en forma conjunta la incorporación de algún tipo de leche maternizada en biberón. Estos productos son similares a la leche materna, pero sin sus factores inmunológicos. Existen diferentes tipos de leches maternizadas:

• **En polvo.** Se diluyen con agua. Es importante leer detenidamente las instrucciones y respetarlas. No se debe agregar ni más ni menos líquido para diluirlas. La fórmula, una vez preparada, se comporta como una leche fluida

• **Fluidas** (líquidas) en envases tipo larga vida. Son sumamente prácticas y de fácil transporte: sólo hay que abrir el envase y volcar la cantidad que toma el bebé en el biberón. Una recomendación muy importante: no guardar el envase abierto para el día siguiente ni tampoco conservar la leche sobrante en la mamadera. Lo que el niño no tomó, se tira.

Aunque la mamá pueda sentirse triste por no poder amamantar a su hijo, debe saber que el amor es irreemplazable: sea cual fuere la forma de alimentarlo, si están presentes las caricias, las miradas amorosas y las palabras llenas de cariño, el vínculo con su bebé seguirá siendo único y maravilloso.

¿Necesita tomar agua un bebé alimentado a pecho?
Una pregunta que se realizan las mamás es si deben darle agua a su hijo entre mamada y mamada. Los niños alimentados a pecho no necesitan aporte de agua extra debido a que la cantidad de líquido recibida durante la succión es el correcto.
Si el bebé está alimentado con leches maternizadas, necesita, entre biberón y biberón, una pequeña dosis de agua. Se recomienda reservar una mamadera exclusivamente para el agua.

La introducción de alimentos sólidos

A partir del sexto mes de vida, el bebé está preparado física y psicológicamente para recibir otro tipo de alimento, además de la leche. Esta etapa que comienza se denomina "ablactación" y consiste en incorporar poco a poco diferentes alimentos.

Este período se puede subdividir en 2 etapas: la primera, de 6 a 9 meses, y la segunda, de 9 a 12 meses. Durante este lapso la leche materna –a través del pecho o de las leches maternizadas– sigue acompañando al niño, mientras va aceptando los nuevos sabores. La duración exacta de cada período dependerá de los tiempos de cada bebé.

6 A 9 MESES: Es la etapa del descubrimiento, en la que el bebé comienza a probar nuevos alimentos a los que va aceptando de a poco. Algunos de los alimentos que se le presentan son:
- **Sopa de cereales**
- **Yogur**
- **Purés de vegetales**
  (zapallo, zanahoria, zapallito)

- **Frutas crudas ralladas o asadas** *(manzana, pera y banana)*
- **Jugos de frutas** *(naranja, mandarina y pomelo)*
- **Gelatinas de frutas** *(no dietéticas)*

En alguna medida, la incorporación de alimentos sólidos es el comienzo del destete. Al comienzo, la comida reemplazará a una mamada, generalmente la del mediodía. El menú debe ser simple. Un buen ejemplo es el que sigue:
- **Sopa de cereales** *(por ejemplo, caldo de verduras con sémola, semolín o avena arrollada)*
- **Puré de calabaza o zanahorias**
- **Manzana rallada**

Luego se irán incorporando alimentos y reemplazando la mamada de la tarde por yogur o leche con cereales cocidos.

Es posible que el bebé rechace un alimento nuevo la primera vez que lo prueba. Esta reacción se llama "neofobia" y la mamá debe saber que es una situación común y no debe desalentarse. Para volver a ofrecerle el alimento que rechazó es conveniente esperar dos o tres días.

9 A 12 MESES: En la segunda etapa, a partir del noveno mes hasta el año, los alimentos se irán sumando al menú del bebé en forma más rápida, de manera que al cumplir los 12 meses ya estén todos incorporados. La introducción de nuevos sabores debe reali-

zarse por separado, para que el niño pueda saber qué alimento le gusta más y la mamá también conozca sus preferencias. Por ejemplo, papa pisada, frutas licuadas o pisadas y carnes molidas o picadas. El cambio de textura y sabor le permitirá diferenciar los alimentos. Esto es fundamental ya que en esta etapa se definen los gustos y preferencias.

En cuanto a los condimentos, la siguiente tabla es una buena guía

SÍ	NO
ACEITES. Se pueden utilizar para condimentar los purés. El niño necesita consumir grasas para crecer correctamente.	**AZÚCAR.** No es conveniente agregarla a las comidas, ya que el niño debe aprender a diferenciar los sabores y las texturas propias de cada alimento.
HIERBAS Y ESPECIAS. Puede utilizarse moderadamente la canela para los platos dulces, y la nuez moscada, para los salados. También se puede recurrir a la albahaca o el perejil bien picados (por ejemplo, en las sopas) y al laurel para dar gusto al cocinar y luego retirarlo.	**SAL.** No se debe agregar en las primeras preparaciones, para que el bebé pueda diferenciar los sabores. Luego de un mes de probar alimentos y cuando comience a consumir preparaciones más variadas, se puede incorporar una pequeña cantidad de sal.

La hora de la comida

¡Y por fin llegó la hora de sentarse a la mesa y comer!

Con estas palabras tan sencillas comienza el momento más importante del día: la comida de nuestro bebé. No basta con "darle de comer", también tenemos que alimentarlo correctamente tratando de balancear los nutrientes (hidratos, proteínas y grasas) y variando la textura, los sabores y, fundamentalmente, los colores de los alimentos que se le ofrecen. No olvidemos que "la comida entra por los ojos".

Un niño estimulado a la hora de la comida no solo comerá todo lo que se le ofrece, también disfrutará de los alimentos.

Hay pautas claras que tenemos que tener en cuenta a la hora de comer:

• Durante las primeras comidas es importante que la madre y el niño estén solos. Lo mejor es evitar el "público" ansioso por ver cómo come el nene. Esto termina ocasionando distracciones en el niño y nerviosismo en la madre. Con el transcurso de las semanas, la mamá se sentirá más segura dándole de comer a su hijo, ya que irá conociendo qué alimentos prefiere y cuáles rechaza.

• No distraerlo con avioncitos o muñecas. Lo recomendable es hablarle cariñosamente entre bocado y bocado.

• Una vez pasada esta primera etapa, aproximadamente a partir del octavo mes, puede sentarse a la mesa con los demás integrantes de la familia. De esta forma comenzará a compartir ese momento tan importante con su grupo familiar.

• Realizar cuatro comidas diarias: desayuno, almuerzo, merienda y cena. A esto se le pueden sumar colaciones entre horas, por ejemplo, una por la mañana y otra por la tarde. Algunas opciones para estas colaciones son un yogur, un flan, una compota con merengue o pedacitos de queso.

• Colocar todos los elementos rompibles lejos del alcance del niño.

• Permitirle que tome con sus manos los alimentos para que experimente las diferentes texturas.
• Mientras el bebé come, no realizar otras tareas, como hablar por teléfono, cocinar, ver televisión o leer un libro.

Preparación de la comida

EL EQUIPO

Hasta el primer año, es conveniente armar un equipo de elementos que será exclusivamente destinado para preparar la comida del bebé. Estos utensilios deben ser lavados con jabón neutro y guarda dos separados del resto.

El equipo básico está formado por:
• 2 cacerolas chicas
• 1 colador de plástico mediano de malla fina
• 1 tablita de melamina para picar o cortar *(no usar tablas de madera)*
• 1 fuentecita de vidrio para horno o de metal para calentar o gratinar en el horno
• 1 pasapuré
• 1 rallador

El resto de los utensilios serán los que se utilizan en la cocina. También es conveniente que el bebé cuente con su propia vajilla, irrompible y en lo posible de colores fuertes, como el rojo, el amarillo y el naranja, que son los que más le gustan. Según la comida, se le proporcionarán cucharillas o tenedores, siempre de plástico o de un material similar. Los cubiertos metálicos, si no están recubiertos con otro material más blando, pueden lastimar las encías sensibles de los bebés.

Cuando el bebé es más grande, consume todos los alimentos y su dieta se adapta a la de la familia, se pueden utilizar los elementos de la casa. Educar comienza por casa y los hábitos alimentarios se adquieren desde chicos. Por lo tanto, lo antes posible hay que enseñarle al bebé a utilizar correctamente los elementos apropiados para cada comida.

HIGIENE DE LA COCINA

La cocina es un laboratorio donde se preparan los alimentos para nuestra familia. Es por eso que en todo momento debemos mantener su higiene y la de los utensilios que se usan en ella. Estas medidas de higiene nunca estan de más, sobre todo cuando hay un bebé en la casa. Es preferible excederse que arriesgar la salud de nuestro hijo.

Las siguientes son algunas recomendaciones de higiene.

1. Lavarse muy bien las manos con agua y jabón neutro al entrar a la cocina.Utilizar papel de cocina para secárselas.

2. Mantener limpias las mesadas y otros sectores de la cocina con agua caliente jabonosa. Enjuagar con agua limpia y repasar con un trapo humedecido con agua clorada (preparada con una parte de agua y una gota de cloro).

3. Limpiar a fondo los cuchillos y cucharas con agua jabonosa caliente. Es recomendable utilizar distintos cuchillos y cubiertos para preparar cada alimento o bien lavarlos bien antes de pasar a otra preparación. De esta forma se evitará la contaminacion de un alimento a otro.

4. Limpiar muy bien los recipientes donde se servirá la comida. Enjuagar las fuentes antes de usar.

5. Ordenar a medida que se trabaja: guardar cada condimento que se utiliza, tirar las cáscaras y desechos de verduras y frutas y los recortes de alimentos. Al mantener el área de trabajo despejada, se ahorra tiempo al finalizar la preparación.

6. Una vez terminada la cocción, dejar todos los utensilios utilizados sumergidos en agua jabonosa. Luego enjuagar con abundante agua.

7. Realizar la limpieza del piso con un trapo humedecido con abundante agua o, si es necesario, utilizar agua jabonosa o algún producto de limpieza con desinfectante. No barrer nunca con escoba o escobillón, ya que pueden levantar polvo que volará por toda la cocina

CÓMO COCINAR BIEN LOS ALIMENTOS

Los alimentos sufren modificaciones cuando se lleva a cabo su limpieza, elaboración y cocción. Para conservar el máximo de nutrientes es importante observar las siguientes indicaciones:

• Limpiar sólo los alimentos que el niño consumirá ese día.

• **Vegetales de hoja:** Lavarlos muy bien debajo del chorro de la canilla. Sumergir las hojas en un recipiente con abundante agua y 1 gota de lavandina o cloro y dejarlas reposar durante 5 minutos. Enjuagarlas nuevamente bajo el chorro de la canilla y colocarlas en un recipiente adecuado para cocinarlas. Se recomienda hacerlo al vapor, ya que de esta forma se conservan mejor los minerales.

• **Papa, batata y zanahoria:** Lavar los vegetales muy bien debajo del chorro de agua y con la ayuda de un cepillo reservado para esta tarea. Pelarlos con pelapapas y cocinarlos enteros o en trozos grandes.

TIPOS DE COCCIÓN

La cocción se realiza aplicando calor a los alimentos. Existen distintos tipos de cocción:

1 **COCCIÓN EN MEDIO HÚMEDO**

a) **Cocción por agua:**

• **Hervido:** Se sumerge el alimento en abundante agua en ebullición (a 100° C).

• **Cocido a fuego lento:** Se cuece el alimento en una pequeña cantidad de agua y a una temperatura inferior a los 100° C.

b) **Cocción por vapor de agua:**

• **Al vapor:** La cocción se realiza en recipientes especiales que poseen una red metálica en su interior a una determinada altura. Los alimentos se ubican sobre ella, y no entran en contacto con el agua que se coloca por debajo de la tela metálica a una temperatura de 100° C.

Recomendaciones básicas para la compra de alimentos

1-Planificar el menú semanal del bebé.

2-Comprar siempre los alimentos que se van a utilizar a la brevedad. No comprar por las dudas.

3-Incluir dentro del menú diario carnes, lácteos, vegetales y frutas.

3-No mezclar los alimentos en el transporte. Separar los vegetales de hoja y los que se deben pelar. Llevar las frutas por separado. En cuanto a las carnes, transportar cada corte por separado en un paquete bien cerrado. Esto permitirá guardar las cosas en forma más prolija al llegar a casa.

• **A presión:** Los alimentos se cocinan a vapor de presión mediante una olla especial (olla a presión).

② COCCIÓN EN MEDIO SECO

a) **Cocción por aire:**
  • Al horno
  • A la parrilla
  • Al asador
  • Al spiedo

b) **Cocción por cuerpo graso:**
  • Fritura
  • Salteado

c) **Cocción directa:**
  • A la plancha

③ COCCIÓN EN HORNO DE MICROONDAS

Estos diferentes tipos de cocción producen en los alimentos modificaciones en sus características organolépticas: es decir, en su color, sabor, olor y consistencia. El valor nutritivo se modifica debido a que hay pérdida de nutrientes a través del proceso de cocción. En algunos procedimientos, como al vapor, la pérdida no es tan importante.
La digestibilidad se mejora a través de casi todos los procesos.

CÓMO CONSERVAR LOS ALIMENTOS EN EL FREEZER

El freezer es el gran aliado de las mamás, porque les permite contar siempre con porciones listas de alimentos para el bebé. Para que realmente se conserve toda la frescura de las comidas y se mantengan intactas sus propiedades nutricionales hay que seguir las siguientes indicaciones:

• Congelar los alimentos crudos o cocidos en pequeñas porciones (aproximadamente, la cantidad para una comida del bebé).

• Nunca se debe descongelar un alimento y luego volver a congelarlo.

• Cubrir los alimentos o preparaciones con papel film o colocarlos en bolsas etiquetadas para saber qué fue lo que se congeló y en qué fecha.

• Descongelar los alimentos a temperatura ambiente. Una vez completamente descongelados, recién se pueden calentar o cocinar.

• Verificar la fecha en que fue congelado el alimento, cada uno tiene distintos tiempos máximos de congelación.

¿Es bueno el microondas para mi bebé?
La cocción por microondas es un procedimiento rápido y práctico. Para que los alimentos conserven sus nutrientes son importantes estas recomendaciones:
• Utilizar los recipientes adecuados para microondas.
• Nunca descongelar con el microondas, ni cocinar sin descongelar alimentos recién sacados del freezer. Descongelar a temperatura ambiente y luego cocinar.
• Tapar los alimentos durante la cocción.
• No servir inmediatamente la preparación recién sacada del horno de microondas. La temperatura interior siempre es mayor que la exterior.
• Respetar los tiempos de cocción de cada alimento, no superar esas marcas.
• No recalentar algo que fue cocido y calentado una vez.

Congelar en porciones

Las primeras comidas del bebé no suelen ser abundantes y es muy común que la mamá se encuentre con un puré casero recién hecho que debe tirar casi entero. Para esta etapa, nada mejor que utilizar las cubeteras del freezer para congelar pequeñas porciones de puré, sopa u otras papillas. El procedimiento es muy sencillo:

1) Volcar dentro de una cubetera el puré o la papilla ya fría. Colocar dentro del freezer.

2) Ir descongelando los cubitos de a uno o de a dos, según el apetito del bebé.

Los alimentos

Un alimento es una sustancia que, al incorporarse al organismo, cumple funciones de nutrición para conservar la integridad de la vida.

Los elementos o sustancias que se encuentran en los alimentos se llaman nutrientes y desempeñan varias funciones:

• **Función energética.** Los alimentos suministran la energía necesaria para el mantenimiento de las funciones del organismo. Los nutrientes que poseen esta función son los hidratos de carbono y los lípidos (grasas). Están presentes, por ejemplo en los cereales, las pastas y los aceites vegetales.

• **Función plástica.** Los alimentos proveen sustancias que intervienen en la formación de tejidos. Los nutrientes que desempeñan este rol son principalmente las proteínas, el agua y los minerales. Están presentes, por ejemplo en las carnes rojas y blancas.

• **Función reguladora:** Los alimentos proveen sustancias que regulan las funciones orgánicas. Los nutrientes que poseen funciones reguladoras son

LA PIRÁMIDE NUTRICIONAL

A partir de los 15 meses, cuando el niño ya realiza cuatro comidas diarias, es importante controlar que su alimentación contenga las porciones adecuadas de cada nutriente. Una buena guía para que los padres armen un menú cotidiano equilibrado es la pirámide nutricional.

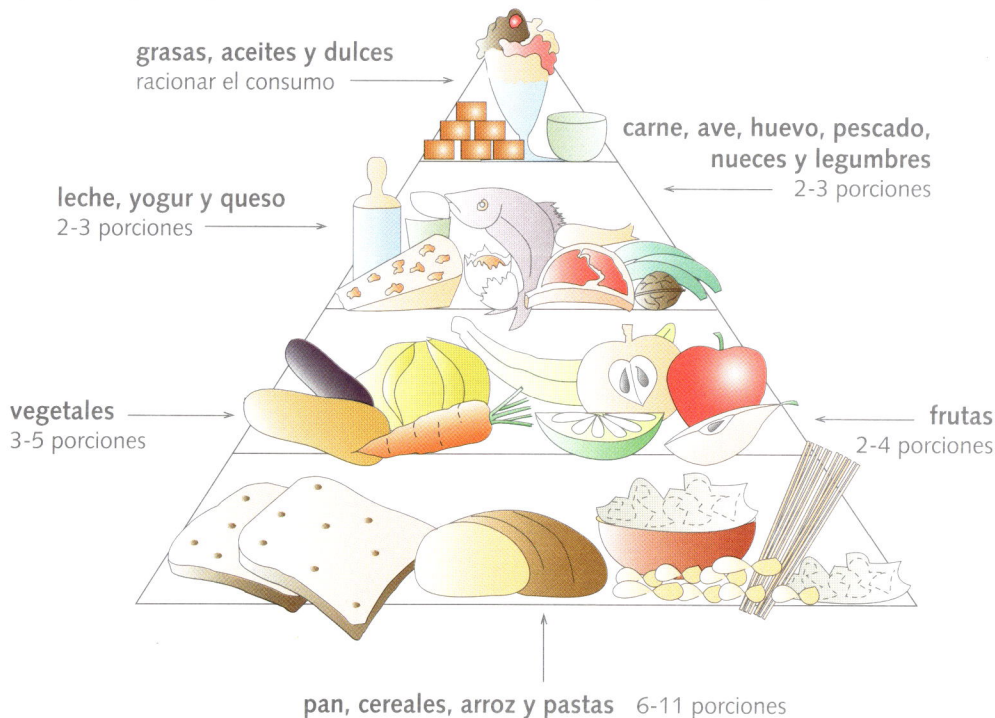

grasas, aceites y dulces
racionar el consumo

carne, ave, huevo, pescado, nueces y legumbres
2-3 porciones

leche, yogur y queso
2-3 porciones

vegetales
3-5 porciones

frutas
2-4 porciones

pan, cereales, arroz y pastas 6-11 porciones

el agua, los minerales y las vitaminas. Están presentes, por ejemplo, en las verduras y frutas.

ALIMENTOS QUE NUTREN LA INTELIGENCIA

Cuando el niño incorporó a su dieta todos los alimentos, la preocupación de muchas mamás consiste en elegir los alimentos adecuados que desarrollen su inteligencia. Si bien existen alimentos que pueden tener un efecto beneficioso sobre su memoria o su atención, lo que hará que el niño sea realmente sano será una buena dieta balanceada, que incluya 4 comidas y 2 colaciones. Y, sobre todo, que la alimentación esté acompañada por el afecto de la familia, que también nutrirá su inteligencia.

Los siguientes son algunos nutrientes que no pueden faltar en la dieta de tu bebé:

Zinc. Es fundamental para el correcto crecimiento y desarrollo del sistema nervioso central. Su presencia ayuda a la concentración intelectual.
Se encuentra en: Hígado, crustáceos, huevos, leche y granos enteros.
• Recetas recomendadas: Paté de hígado (véase pág. 36) y Salsa blanca deliciosa (véase pág. 20).

Hierro. Su falta o carencia en la dieta produce palidez, cansancio, dolores de cabeza, falta de atención y anemia.
Se encuentra en: Hígado, carnes rojas, yema de huevo, legumbres (porotos, garbanzos y lentejas), nueces, pasas de uva, alimentos adicionados con hierro, como cereales, leches o yogures.
• **Recetas recomendadas.** Albóndigas de Tigger (véase pag. 40) y Canelones de carne (véase pág. 54).

Magnesio. Su ausencia en la dieta ocasiona trastornos en la formación de los huesos y de los dientes. También puede producir temblores y espasmos.
Se encuentra en: Nueces, soja, cereales adicionados, cacao, crustáceos y mariscos.
• **Recetas recomendadas.** Flan de vainilla con sémola (véase pág. 22).

Calcio. Su falta produce alteraciones en la formacion de los huesos y de los dientes y en la coagulacion. Su carencia provoca la enfermedad del raquitismo.
Se encuentra en: Lácteos (sobre todo los quesos poseen una alta proporción), nueces (en una proporción baja), vegetales de hoja verde, legumbres y yema de huevo.
• **Recetas recomendadas.** Bocaditos de estrellas (véase pág. 30) y Flan verde de la huerta (véase pág. 52).

Fósforo. Su carencia puede producir alteraciones en la formación de los huesos y trastornos en la atención y la concentración.
Se encuentra en: Las carnes, especialmente en los pescados, leche, quesos y legumbres.
• **Recetas recomendadas.** Postre suave en microondas (véase pág. 24).

La dieta correcta que le permitirá a tu hijo aumentar su fortaleza, atención y que le asegurará un correcto crecimiento físico e intelectual es aquella que le provea diariamente una porción de los alimentos antes mencionados. Es importante ofrecerle cotidianamente distintos alimentos presentados en variadas preparaciones. Entre horas se le pueden ofrecer propuestas sanas como frutas, trozos de queso y cereales sin azúcar. Y, basicamente, afecto y mucho amor ●

6 a 9 meses
Los primeros sabores

Hoy tu bebé comienza un viaje emocionante en el que empezará a descubrir sabores, texturas y olores que serán la base de una buena alimentación. Winnie y sus amigos lo acompañarán paso a paso proponiéndole sabrosas y novedosas comidas.

LA PRIMERA COMIDA

Algunos consejos para que ese momento inolvidable resulte perfecto:

• **La hora.** Se puede optar por reemplazar la mamada del mediodía por un almuerzo con comida sólida o, si la mamá no está en ese horario, puede ser la cena. Es preferible que el bebé no tenga demasiada hambre, por lo tanto es bueno empezar con una pequeña cantidad de leche materna o de fórmula.

• **La sillita de comer.** Es difícil sostener al bebé en el regazo y tener las manos libres para darle de comer. Conviene acostumbrarlo unos días antes a sentarse en una silla alta o una silla especial para comer.

• **La cuchara.** Debe ser pequeña y de plástico o estar recubierta con un material blando, ya que las encías del bebé son muy sensibles.

• **El babero.** Es indispensable para esta etapa. Es bueno empezar a usarlo desde el primer día, porque si no se acostumbra desde el comienzo, es difícil que lo acepte más adelante.

• **El movimiento.** Tomar un poco de alimento del plato con la cuchara y ubicarla a la altura de los ojos del bebé, para que pueda verla. Una vez que fijó la mirada en el alimento, acercar la cuchara a la boca y poner una diminuta porción entre los labios. Si lo acepta, abrirá más la boca para recibir más comida. Aunque le guste el alimento, puede ser que le cueste tragarlo. Muchas veces el bebé termina escupiendo gran parte de la comida, pero luego de varios intentos aprenderá a tragar más alimento del que desperdicia. Cuando el bebé no se interese más en la comida, no hay que insistir.

• **El gusto.** La "primera comida" varía según la recomendación del pediatra, pero básicamente debe ser de gusto dulce, para continuar con el sabor de la leche materna, que es dulce. Por lo tanto, banana pisada, puré de calabacita o de zanahoria con leche son propuestas muy recomendadas.

• **La limpieza.** Es mejor dejarla para cuando ya terminó de darle de comer. Si el bebé desea tocar la comida con las manos y ensucia la mesita, la ropa y el piso, tómalo con naturalidad. No lo festejes demasiado, porque si no el bebé creerá que se trata de una monería más, pero no lo limpies automáticamente. Permítele que disfrute tocar la comida con las manos.

MENÚ TIPO PARA ESTA ETAPA

Almuerzo
• Puré de la huerta de Conejo
• Flan de vainilla y sémola

Cena
• Sopa de ensueño
• Banana pisada con jugo de naranja

ZANAHORIAS

Un buen comienzo

Beber una sopa caliente es una forma ideal de alimentarse, ir probando nuevos sabores e incorporar fibra.

Sopa primavera

INGREDIENTES
Para 4 porciones

- Agua, 1 y 1/2 litro
- Puerro, 1
- Perejil, un ramito
- Albahaca, unas hojas
- Zanahoria, 1
- Calabacita, 2 rodajas
- Zapallitos, 2
- Batata, 1

INFORMACIÓN NUTRICIONAL
(por porción)

- Calorías: 42
- Hidratos de carbono: 9,37 g
- Proteínas: 1,15 g
- Grasas: No contiene.
- Fibra: Aportada por los vegetales.

1 Lavar y pelar todas las verduras y cortarlas en pequeños cubos. En una olla hacer hervir el agua y agregar el puerro, el perejil y la albahaca. Cocinar durante 15 minutos. Incorporar los ingredientes en el siguiente orden: la zanahoria, la calabacita, los zapallitos y, por último, la batata. Tapar y cocinar a fuego lento hasta que todas las verduras estén tiernas.

2 Colar las verduras y reservar el caldo. Colocar una porción de verduras cocidas y 1 cucharada de caldo en un bol y pasar todo por el pasapuré. Debe quedar una sopa de consistencia cremosa. Si hace falta, agregar más caldo.

Sopa de ensueño

INGREDIENTES
Para 3 porciones

- Zapallo, 500 g
- Caldo, cantidad necesaria
- Fideos soperos con forma de moñitos, 3 cucharadas
- Queso rallado, 1 cucharada
- Crema, 2 cucharadas (o queso crema)

INFORMACIÓN NUTRICIONAL
(por porción)

- Calorías: 165
- Hidratos de carbono: 20,33 g
- Proteínas: 6,6 g
- Grasas: 6,33 g
- Fibra: Aportada por el zapallo.
- Sodio: 116 mg

1 Pelar el zapallo, sacarle las semillas y cortarlo en trozos chicos. Cocinarlo en el caldo hirviente. Una vez tierno, retirar del agua, hacer un puré y reservar.

2 Cocinar los fideos en el líquido de cocción del zapallo. Colarlos, incorporarles el puré y revolver. Como toque final, agregar el queso rallado y la crema.

Tip

El caldo sobrante de la sopa primavera se puede mantener en la heladera tapado hasta 48 horas, para ser utilizado en otras preparaciones.

Los purés mágicos del bosque

Conejo propone un puré con el gustito dulzón de las zanahorias y las batatas. Tigger, en cambio, prefiere uno rayado que combina papas y acelga.

De la huerta de Conejo

INGREDIENTES
Para 2 porciones

- Zanahorias, 125 g
- Batatas, 125 g
- Leche, cantidad necesaria

INFORMACIÓN NUTRICIONAL
(por porción)

- Calorías: 83
- Hidratos de carbono: 13,75 g
- Proteínas: 2,5 g
- Grasas: 2 g
- Fibra: Aportada por el zapallo.
- Calcio: 42,5 mg

1 Limpiar y pelar las zanahorias, y cortarlas en pequeños trozos. Proceder de la misma manera con las batatas. Cocinar ambas verduras al vapor hasta que estén tiernas, colocando primero la zanahoria, ya que tiene un tiempo de cocción más prolongado que la batata.

2 Pasar por el pasapuré para obtener una pasta homogénea. Agregar la leche hirviente necesaria para aligerar la consistencia.

Rayado como Tigger

INGREDIENTES
Para 2 porciones

- Papas, 200 g
- Leche, cantidad necesaria
- Aceite de maíz, un chorrito
- Acelga, 100 g

INFORMACIÓN NUTRICIONAL
(por porción)

- Calorías: 137,5
- Hidratos de carbono: 19,25 g
- Proteínas: 11 g
- Grasas no saturadas: 5,5 g
- Fibra: Aportada por la acelga

1 Colocar en una olla con agua fría las papas con piel, bien lavadas. Llevar al fuego y cocinar durante 20 ó 25 minutos hasta que estén bien cocidas. Pelarlas y hacer un puré en el pasapuré junto con la leche y el aceite.

2 Lavar muy bien las hojas de acelga y retirarle las pencas. Cocinar al vapor hasta que estén tiernas. Picar finamente. Colocar sobre un plato alternadamente porciones alargadas de ambos purés imitando las rayas de Tigger.

SHOW DE MAGIA

Pudding de pollo

Una receta de Igor llena de proteínas que fortalecerán a tu bebé para resistir las enfermedades.

INGREDIENTES
Para 4 budincitos

- Blanco de ave, 250 g
- Huevos, 2
- Leche, 180 cc
- Crema, 120 cc
- Perejil picado, 1 cucharadita
- Spray vegetal

INFORMACIÓN NUTRICIONAL
(por porción)

- Calorías: 208,92
- Hidratos de carbono: 2,25 g
- Proteínas: 16,85 g (de excelente calidad)
- Grasas: 14,72 g

1 Cortar el pollo crudo en cubos y procesar muy bien hasta que quede completamente desmenuzado.

2 Agregar al pollo los huevos, la leche, la crema y el perejil finamente picado y procesar nuevamente hasta obtener una mezcla homogénea.

3 Rociar moldes individuales de budín con spray vegetal y colocar la preparación hasta cubrir las 3/4 partes de cada uno de ellos.

4 Ubicar los moldecitos en una asadera y cocinar a baño de María en horno moderado hasta que esté firme, aproximadamente durante 30 minutos. Desmoldar.

Tip

Si prefieres evitar la materia grasa, este budín puede prepararse utilizando sólo leche. En este caso, aumenta la cantidad a 300 cc. Preparado de esta manera, las calorías se reducen a 172,5 por porción, y las grasas a 38,5 g.

Con toda la salsa

Las primeras pastas de tu bebé merecen salsas ricas y sanas. Mamá Cangu prepara una exquisita salsa blanca. A Pooh le gusta la de tomate.

INGREDIENTES
Para 300 cc aprox.

- Harina, 1 cucharada
- Leche, 250 cc
- Aceite, 1 cucharada
- Nuez moscada, 1 pizca

INFORMACIÓN NUTRICIONAL
- Calorías: 291
- Hidratos de carbono: 24,5 g
- Proteínas: 9,5 g
- Grasas: 17,5 g
- Calcio: 437 mg

Salsa blanca deliciosa

1 Colocar todos los ingredientes fríos en una cacerolita, llevar al fuego y revolver permanentemente hasta que espese.

INGREDIENTES
Para 300 cc

- Tomates pelados y sin semillas, 3
- Aceite, 1 cucharadita
- Agua, 100 cc
- Albahaca, 2 hojas
- Azúcar, 1/2 cucharadita
- Laurel, 1 hoja

INFORMACIÓN NUTRICIONAL
- Calorías: 150
- Hidratos de carbono: 14 g
- Proteínas: 1 g
- Grasas: 10 g
- Fibra: Aportada por el tomate.
- Potasio: 612 mg

Salsa filetto

1 Pasar por el pasapuré todos los ingredientes, menos la hoja de laurel.

2 Colocar la salsa en una cacerolita, agregar la hoja de laurel y cocinar a temperatura suave durante 15 ó 20 minutos.

Flan de vainilla con sémola

Un postre muy nutritivo, de textura suave y casi del mismo color que Winnie.

INGREDIENTES

Para 4 ó 5 flancitos

- Leche, 500 cc
- Azúcar, 4 cucharadas soperas
- Sémola, 4 cucharadas soperas
- Esencia de vainilla
- Duraznos en almíbar, 5 mitades

INFORMACIÓN NUTRICIONAL
(por porción)

- Calorías: 190
- Hidratos de carbono: 40,75 g
- Proteínas: 3,5 g
- Grasas: 1,5 g
- Calcio: 220 mg

1 Preparar una crema de sémola de la siguiente manera: calentar la leche con el azúcar y, cuando comience a hervir, verter lentamente la sémola en forma de lluvia y cocinar revolviendo durante 3 ó 4 minutos. Perfumar con la esencia de vainilla.

2 Colocar esta preparación en pequeños moldecitos individuales previamente mojados con agua fría para facilitar el desmolde. Enfriar en la heladera durante 3 horas. Desmoldar.

3 **Para la salsa.** Acompañar el flan con salsa realizada a partir de duraznos en almíbar. Colar y licuar los duraznos y agregar el almíbar hasta lograr la consistencia deseada.

Tip

Este flan también se puede saborizar agregándole a la leche la cáscara entera de 1 limón. Retirarla antes de verter la sémola. En este caso sólo cambiará el sabor, pero no se modificarán los valores nutricionales.

Postre suave en microondas

Es el postre que Piglet siempre elige y que tu bebé puede disfrutar en casa.

1 Dividir la vaina de vainilla en dos y rasparla con un cuchillo filoso para retirar las semillitas. Incorporarlas a la leche y calentar en microondas a potencia máxima durante 4 ó 5 minutos hasta que hierva.

2 Batir conjuntamente los huevos, el azúcar y la fécula de maíz. Verter poco a poco esta mezcla sobre la leche sin dejar de remover.

4 Colar la preparación de huevos y leche y verterla sobre el recipiente con caramelo.
Cocinar 2 minutos al 100 % de potencia y después 1 minuto y medio más al 50 %. Una vez frío, desmoldar.

3 Caramelizar el fondo del molde o de los recipientes individuales donde se van a cocinar los postrecitos. Una vez frío el caramelo, enmantecar los costados para facilitar el desmolde.

La merienda del buen humor

Este licuado hace bailar de alegría a Tigger y hará sonreír a tu bebé. Para acompañarlo, pancitos que podrás ofrecerle en pequeños trozos.

Pancitos de leche

INGREDIENTES
Para 10 ó 15 pancitos de, aproximadamente, 40 g
• Manteca, 60 g
• Azúcar, 60 g
• Huevo, 1
• Esencia de vainilla
• Harina, 500 g
• Levadura en polvo, 10 g
• Leche, 200 cc
• Huevo, para pintar

INFORMACIÓN NUTRICIONAL
(por porción)
• Calorías: 188,4
• Hidratos de carbono: 47,1 g
• Proteínas: 0,7 g
• Grasas: 6 g

1 En un bol batir la manteca con el azúcar, el huevo y la esencia de vainilla. Agregar la harina mezclada con la levadura.

2 Incorporar la leche y trabajar muy bien hasta lograr una masa suave y elástica. Cortar en porciones de 40 ó 50 g y dejar reposar durante 30 minutos. Una vez que leve la masa, formar las diferentes partes de las tortuguitas y unirlas entre sí con huevo. Para hacer el caparazón, marcar líneas verticales y horizontales con un cúter o cuchillo filoso. Dejar fermentar en un lugar tibio.

Licuado de banana, frutillas y leche

INGREDIENTES
Para 2 vasos grandes

• Frutillas, 150 g
• Banana, 1
• Leche, 500 cc
• Azúcar, a gusto

INFORMACIÓN NUTRICIONAL
(por porción)
• Calorías: 107
• Hidratos de carbono: 30 g
• Proteínas: 8,6 g
• Grasas: No contiene.
• Calcio: 440 mg

1 Lavar las frutillas y sacarles los cabitos. Retirar los filamentos de la banana y cortarla en trozos. Licuar las frutas junto con la leche y el azúcar.

3 Pintar las tortugas con huevo. Disponer en una placa rociada con spray vegetal y llevar a horno moderado durante 15 ó 20 minutos.

OTROS LICUADOS CON MUCHA ENERGÍA
Este licuado puede realizarse con otras frutas de estación, como duraznos, manzanas o peras.

9 a 12 meses
Una etapa de descubrimientos

El viaje de tu bebé continúa y en el trayecto se suman día tras día nuevos alimentos nutritivos. Él va definiendo sus preferencias y empieza a comer solo con las manos. Es el momento de ensayar las riquísimas recetas del osito más goloso.

YA COME CON LAS MANOS

Desde un principio, el bebé quiere comer con sus propias manos y no discrimina qué tipo de comida es para tomar con las manos y cuál no. Para él no hay diferencia entre una papilla y un pedazo de pan. A veces no puede tomar la comida del plato o no puede abrir la mano cuando la acerca a la boca, lo que puede desencadenar un llanto desconsolado por la frustración. Cuando esto ocurre, la madre tendrá que contenerlo, apoyarlo y explicarle que poco a poco lo podrá lograr.

Durante esta etapa el bebé aprenderá a tomar objetos entre el pulgar y el índice. Éste es el comienzo de un proceso que finalizará cuando pueda manejar los cubiertos por sí sólo. Pero esto lo logrará recién a los dos años y medio. Por ahora, es fundamental para su aprendizaje ofrecerle comidas que pueda tomar con la mano. También hay que extremar las precauciones para que el bebé no se lleve a la boca alimentos que lo pueden hacer atragantar, como arvejas del plato de la mamá o tostadas de la panera. Para evitar ahogos o sustos, no hay que darle al bebé alimentos que no se puedan disolver en su boca, o que se le puedan desviar hacia la tráquea. Aunque el bebé tenga sus primeros dientes, ellos no sirven para "masticar". En esta etapa, el bebé "aplasta" la comida entre sus encías, hasta que salen las primeras muelas, con suerte, al final del primer año.

Por lo tanto, la comida que se le ofrece debe tener una consistencia suave. Pero esto no significa que todo debe pasar por la procesadora o la licuadora, porque si no, además de romper las fibras naturales de los alimentos, no se habitúa al bebé a diferenciar las distintas texturas. Entonces, lo mejor es ofrecerle la comida bien picada o pisada y, por supuesto, continuar ofreciéndole los nuevos sabores por separado para que aprenda a identificarlos.

EL BEBÉ EN LA MESA FAMILIAR

Incorporar al bebé a la mesa familiar es una decisión muy personal. Por supuesto, se lo puede sentar con los adultos, pero si en ese momento la mamá desea comer a la par que le da de comer a su hijo, seguramente ninguno de los dos disfrutará el momento. Por lo tanto, muchas veces se opta por darle de comer al bebé primero y después sentarlo mientras come el resto de la familia, para que aprenda mirando y comience a socializarse.

MENÚ TIPO PARA ESTA ETAPA
Almuerzo
- Pescaditos con vegetales gratinados
- Gelatina

Merienda
- Leche
- Pan integral con queso untable entero y mermelada

Cena
- Sopa de tomates para días de frío
- Corazón de arroz
- Manzana rallada

Bocaditos de estrellas

¡Para que tu bebé coma con la mano!

Estrellas de mozzarella

1 Cortar el queso en rebanadas de 1,5 cm de espesor. Obtener las estrellas usando un cortapastas de la misma forma.

2 Sumergir las formitas de queso en el huevo batido y luego rebozarlas con la avena. Deben quedar completamente cubiertas para que no se escape el queso al cocinarlas.

3 Rociar una placa con spray vegetal, disponer las estrellas y rociarlas también por arriba. Llevar a horno fuerte precalentado hasta que se doren.

Pan integral

1 Tamizar los dos tipos de harina, incorporar la sal, mezclar y agregar la levadura desmenuzada. Disolver el azúcar en el agua y agregar a la preparación anterior. Por último agregar la margarina a temperatura ambiente. Trabajar muy bien todos los ingredientes hasta lograr una masa homogénea y elástica (si fuera necesario, agregar un poco más de agua). Dejar descansar durante 15 ó 20 minutos.

2 Cortar las piezas, que pueden ser bollitos, tiras para hacer trenzas o un pan grande. Dejar descansar durante 15 ó 20 minutos. Darles la forma final y colocar sobre una placa enmantecada. Dejar leudar en un lugar tibio hasta que su volumen aumente al doble. Cocinar en el horno a 200° durante 20 ó 25 minutos, según el tamaño de los pancitos.

Tip

La sal no se lleva bien con la levadura, por lo tanto es importante mezclarla bien con las harinas antes de incorporar la levadura.

Sopa de tomates para días de frío

Esta sopa, llena de potasio y minerales, le pone color, sabor y calor al invierno.

1 Con un cuchillo filoso hacer una cruz en la base de cada tomate, sumergirlos durante 30 segundos en agua hirviente y retirar. Quitarles la piel con las manos, cortar en cuartos y retirarles las semillas. Cortar en cubitos y reservar.

2 En una olla calentar el aceite, agregar la zanahoria y la cebolla y saltear durante unos minutos. Incorporar los tomates cubeteados y cocinar durante 5 minutos más cuidando que no se pegue en el fondo de la cacerola.

3 Añadir el agua y las hierbas atadas con hilo. Bajar el fuego y cocinar durante 10 minutos más, hasta que las verduras queden completamente cocidas. Retirar del fuego y quitar el ramito de albahaca y perejil. Servir la sopa acompañada de formitas de pan tostado.

Tip

Si se desea obtener
una sopa crema, se puede
licuar la preparación.

Corazón de arroz

Pooh prepara este budín para expresar cariño a sus amigos.
Para tu bebé será como un gran mimo que lo alimentará.

INGREDIENTES
Para 2 porciones

- Caldo casero, 4 tacitas de café
- Arroz, 2 tacitas de café
- Hierbas picadas (perejil, ciboulette, etc.), 2 cucharadas
- Manteca, 2 cucharaditas (30 g)
- Leche, 200 cc
- Huevos, 2
- Spray vegetal

INFORMACIÓN NUTRICIONAL
(por porción)

- Calorías: 388
- Hidratos de carbono: 37 g
- Proteínas: 11,4 g
- Grasas: 21,6 g

1 Hacer hervir el caldo en una olla. Agregar el arroz y cocinar a fuego bajo hasta que el líquido de cocción esté casi evaporado. Controlar que el arroz no se pegue al fondo de la cacerola. El arroz no debe cocinarse completamente, ya que la cocción terminará en el horno.

2 Añadir las hierbas finamente picadas, la manteca, la leche y los huevos. Mezclar todos los ingredientes.

3 Colocar la mezcla en moldes individuales con forma de corazón rociados con spray vegetal.

4 Cocinar en horno fuerte durante 15 minutos, aproximadamente, hasta que liguen los huevos y la preparación tome la forma del molde. Desmoldar.

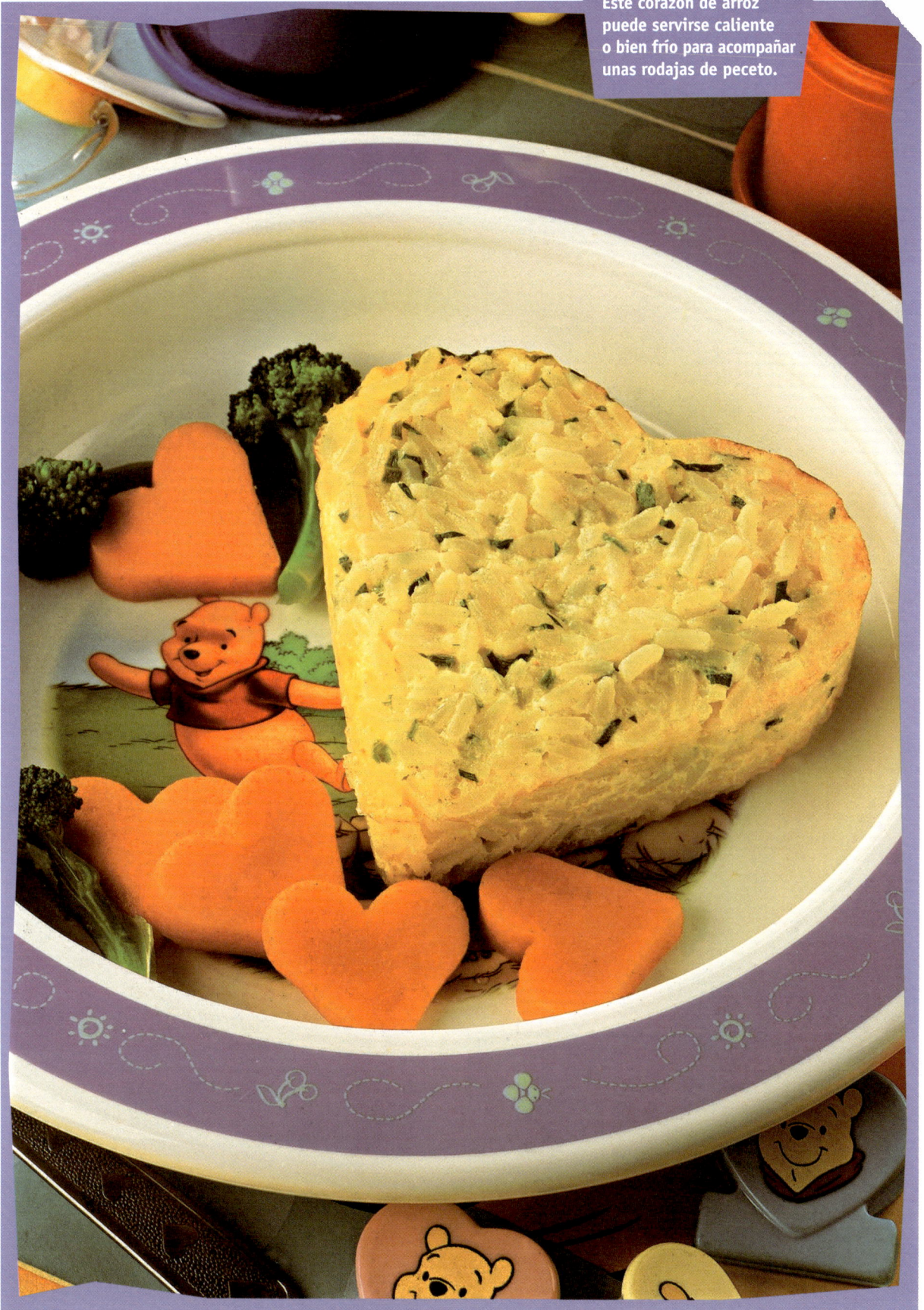

🦋 Tip

Este corazón de arroz
puede servirse caliente
o bien frío para acompañar
unas rodajas de peceto.

Paté de hígado

Una forma muy sabrosa de aportarle mucho hierro a tu bebé.
Y después, a bailar con Pooh y sus amigos.

INGREDIENTES
Para 2 porciones

- Hígado de vaca, 250 g
- Aceite de oliva, 1 cucharada
- Cebolla, 1
- Apio, 1 ramita
- Caldo casero de verdura, 100 cc
- Queso crema, 150 g

INFORMACIÓN NUTRICIONAL
(por porción)

- Calorías: 410 g
- Hidratos de carbono: 5 g
- Proteínas: 33 g
- Grasas: 29,25 g
- Hierro (aportado por el hígado): 10 mg

1 Limpiar el hígado, cortarlo en trozos y saltear en el aceite caliente. Una vez sellado, agregar la cebolla y el apio finamente picados. Bajar el fuego y cocinar durante 5 minutos. Agregar el caldo y continuar la cocción durante 10 minutos más.

2 Retirar del fuego y procesar el hígado, incluyendo el líquido de cocción.

3 Agregar el queso crema y mezclar hasta obtener una pasta homogénea. Colocar en recipientes herméticos o en un plato cubierto con papel film para que no se oxide y dejar enfriar en la heladera.

37

Pescaditos con vegetales gratinados

La comida más completa: pescado fresco y vegetales recién cosechados de la huerta de Conejo.

Formitas de salmón empanado

1 Cortar el salmón en diferentes formas. Batir los huevos y agregarles el perejil picado. Pasar las formitas de salmón por el huevo y rebozarlas con el pan y el queso rallados mezclados.

2 Colocar sobre una placa rociada con spray vegetal y rociar ligeramente por encima. Cocinar en horno fuerte de ambos lados.

Verduras gratinadas

1 Mezclar en un bol las yemas con la crema y agregar fuera del fuego a la salsa blanca. Incorporar 50 g de queso rallado y calentar nuevamente revolviendo. Condimentar con nuez moscada.

2 Blanquear al vapor las verduras peladas o limpias y cortadas en porciones. Colocar un poco de salsa en una asadera, ubicar los vegetales y cubrir con el resto de la salsa. Espolvorear con queso y gratinar en horno fuerte durante 10 minutos.

¡QUÉ BIEN
LE HACEN A TU BEBÉ!
El pescado es rico en
fósforo, un nutriente que
ayuda a fortalecer los
huesos y la memoria.

Albóndigas de Tigger

Las recomienda el tigre más simpático del bosque. Preparadas en casa con carne magra son la opción más sana para tu bebé.

INGREDIENTES
Para 4 porciones

- Miga de pan blanco, 150 g
- Leche, 1/2 taza
- Carne picada magra, 500 g
- Huevo, 1
- Perejil picado. 2 cucharaditas
- Queso de rallar, 2 cucharadas
- Harina, 2 cucharadas
- Salsa filetto, cantidad necesaria *(véase receta pág. 20)*

INFORMACIÓN NUTRICIONAL
(por porción)

- Calorías: 395,8
- Hidratos de carbono: 29,6 g
- Proteínas: 35,8 g
- Grasas: 14,8 g
- Hierro (aportado por la carne): 3,2 mg

1 Desmenuzar la miga de pan y remojarla en la leche durante unos minutos hasta que quede blanda.

2 Colocar la carne picada en un bol, agregarle la miga de pan, el huevo, el perejil y el queso de rallar. Mezclar todo con las manos, hasta que los ingredientes queden muy bien integrados.

3 Dejar enfriar la preparación durante media hora en la heladera. Armar las albóndigas y pasar cada una por harina.

4 Calentar la salsa en una olla profunda a fuego suave. Una vez que comience a hervir, sumergir las albóndigas, tapar y continuar la cocción a fuego bajo.

Florcitas de dulce de leche

Estos alfajores nos recuerdan las flores de la pradera de Winnie Pooh ¡Se deshacen en la boca!

INGREDIENTES
Para 50 tapitas, aproximadamente

- Manteca, 200 g y una cantidad extra para la placa
- Azúcar, 150 g
- Yemas, 3
- Esencia de vainilla, unas gotas
- Ralladura de 1 limón
- Harina, 200 g
- Fécula de maíz, 300 g
- Dulce de leche repostero, 200 g

INFORMACIÓN NUTRICIONAL
(por porción)

- Calorías: 175,6
- Hidratos de carbono: 25,96 g
- Proteínas: 1,49 g
- Grasas: 7,8 g

1 Batir la manteca con el azúcar a blanco. Agregar las yemas de a una, mezclando bien después de cada adición. Perfumar con la esencia de vainilla y la ralladura de limón.

2 Tamizar juntas la harina y la fécula e incorporar a la preparación anterior. Trabajar hasta lograr una masa tierna. Dejar descansar durante una hora en la heladera.

3 Estirar con un palote y, usando un cortapastas con forma de flor, cortar las tapas de los alfajorcitos. Disponer sobre una placa enmantecada y cocinar en horno moderado durante 10 ó 15 minutos. Controlar que las tapitas no se doren.

4 Colocar el dulce de leche en una manga con pico rizado y rellenar los alfajores.

¡QUÉ BIEN
LE HACEN A TU BEBÉ!
Una merienda para
que tu bebé pueda
reponer energías.
¡A seguir jugando!

La torta de cumpleaños de Pooh

A partir de su primer año, tu bebé puede incorporar nuevos alimentos, entre ellos la miel. Con esta torta festejará su primer año probando este dulce sabor.

INGREDIENTES

Para el bizcochuelo
- Huevos, 5
- Azúcar, 100 g
- Miel, 50 g
- Esencia de vainilla, cantidad necesaria
- Harina, 150 g

Para el relleno
- Leche, 150 cc
- Gelatina sin sabor, 10 g
- Dulce de leche repostero, 1/2 kg
- Crema, 400 cc

Para el merengue
- Miel, 250 g
- Claras, 5

INFORMACIÓN NUTRICIONAL
(por porción)
- Calorías: 85,4
- Hidratos de carbono: 6,4 g
- Proteínas: 5,5 g
- Grasas: 4,2 g

Bizcochuelo

1 Batir los huevos con el azúcar, la miel y la esencia de vainilla a punto letra. Incorporar la harina tamizada con movimientos envolventes. Enmantecar y enharinar un molde desmontable de 28 cm de diámetro, verter en su interior la preparación y cocinar en horno moderado. Dejar enfriar, desmoldar y cortar el bizcochuelo en 3 capas.

Relleno

2 Colocar la leche en un recipiente y agregar la gelatina en forma de lluvia. Calentar durante 30 segundos en microondas o a baño de María, revolviendo. Mezclar esta preparación con el dulce de leche, utilizando un batidor de mano. Batir la crema a medio punto e incorporar al dulce de leche.

Merengue

3 Llevar la miel al fuego hasta que comience a hervir y forme un almíbar denso. Batir las claras a nieve y agregar el almíbar en forma de hilo fino, continuar batiendo hasta enfriar completamente. Colocar la preparación en una manga con pico rizado.

Armado

4 En un plato colocar el aro del molde desmontable. Ubicar dentro la primera capa de bizcochuelo y por encima verter un tercio del relleno de dulce de leche, llevar a la heladera hasta que tome consistencia. Proceder de la misma manera con las restantes capas. Cubrir la torta con picos de merengue.

Tip

Se pueden agregar al relleno merenguitos picados o chocolate rallado.

12 a 18 meses
Comidas en familia

El bebé ya recorrió un largo camino en su aprendizaje para comer sanamente. Ahora realiza cuatro comidas diarias y comparte estos momentos con toda la familia. ¡Y también con sus amigos del Bosque de los Cien Acres!

LA VARIEDAD EN LA COMIDA

El paladar del bebé se educa y esta etapa por la que atraviesa es un momento fundamental para formar hábitos sanos. La mamá o la persona que alimenta a un niño debe olvidar los prejuicios y saber que aceptará sabores ácidos sin azúcar, como el yogur natural, si se le ha desarrollado el hábito. Tampoco debe haber problema en recurrir a las galletitas o el pan con dulce, pero siempre dentro de una variedad de sabores y opciones para los distintos momentos del día. Entonces, si el niño ha formado el hábito, aceptará como tentempié frutas o queso y no se tendrá que recurrir a golosinas u otros alimentos dulces elaborados industrialmente.

Es bueno que los vegetales estén siempre presentes en la mesa, y, por supuesto, que el ejemplo que dan los adultos sea coherente con lo que le proponen al bebé.

La comida no debe ser premio ni castigo. La idea es que la alimentación, día tras día, sea sana y que la elección de las comidas se haga porque el paladar está educado. No deben existir comidas prohibidas porque "le hacen mal" o porque el bebé "se porta mal". En ocasiones especiales, se puede recurrir a bocados salados o golosinas, pero siempre considerando esa situación una excepción y nunca debe ser como premio o castigo.

MENÚ TIPO PARA ESTA ETAPA

Desayuno
- Leche con azúcar
- Pancitos de leche con queso untable y mermelada

Almuerzo
- Almuerzo divertido (Polenta primaveral y Pelotitas de pollo)
- Isla flotante

Merienda
- Leche
- Vainillas o bizcochuelo casero con mermelada

Cena
- Flan verde
- Canelones de carne
- Ensalada de frutas

Huevos al nido

Un nido sorpresa escondido
en un árbol del Bosque de los Cien Acres.

INGREDIENTES
Para 2 porciones

Para los niditos de papa
- Papa, 1
- Aceite, cantidad necesaria

Para los huevos poché
- Agua, cantidad necesaria
- Vinagre, 1 cucharada
- Huevos, 2

INFORMACIÓN NUTRICIONAL
(por porción)

- Calorías: 165
- Hidratos de carbono: 10 g
- Proteínas: 6,5 g
- Grasas: 11 g

1 Pelar la papa y rallarla gruesa o cortarla en fina juliana. Formar los nidos de papa colocando las papas ralladas entre dos coladores de diferente tamaño: distribuir las papas en el más grande y presionar con el más pequeño. Sosteniendo los dos coladores, sumergir los nidos en abundante aceite caliente. Cocinar de ambos lados, cuidando que se dore pero no se queme. Retirar con cuidado primero el colador más pequeño y luego el mayor.

2 Calentar el agua en una olla de bordes bajos. Cuando llegue a punto de ebullición incorporar el vinagre y revolver con una cuchara. Agregar los huevos, apagar el fuego y tapar la cacerola. Cocinar durante 3 minutos, hasta que las claras estén blancas. Retirar cuidadosamente.

3 Presentar los niditos de papa y en el centro de cada uno ubicar un huevo poché.

Tips

• Si quieres confeccionar los nidos en una forma más sencilla, arma montoncitos de papa rallada en la sartén, aplasta con el reverso de una cuchara y forma un hueco en el centro.
• Una forma divertida de presentar un huevo es separar la clara de la yema y batir la clara a punto nieve. Esparci la clara en una sartén caliente untada con un poquito de aceite y en el centro de la misma coloca la yema.

Un almuerzo divertido

Polenta primaveral

1 Calentar la leche con el caldo en una olla hasta que llegue a punto de ebullición. Retirar del fuego y agregar la polenta en forma de lluvia, revolviendo constantemente con cuchara de madera para que no se formen grumos. Añadir la manteca, el queso y las hierbas finamente picadas.

2 Colocar la preparación sobre una placa y extender sin dejar que supere los 2 cm de espesor. Enfriar y, utilizando diferentes cortapastas, darle formas divertidas. Espolvorear con queso parmesano y gratinar en el horno.

Pelotitas de pollo

1 Cortar el pollo en pequeños trozos y colocar en el bol de la procesadora para desmenuzar. Una vez procesado, añadir el huevo, la cebolla, la albahaca picada muy fina y las 3 cucharadas de harina. Condimentar con nuez moscada. Enfriar en la heladera durante 2 horas.

2 Tomar un poco de mezcla con las manos y armar pequeñas pelotitas o albóndigas, pasarlas por harina y enfriar nuevamente en la heladera. Cocinar en horno sobre placa aceitada.

Flan verde de la huerta

Preparado con la acelga y la espinaca
recién cosechadas de la huerta de Conejo.
¡Nadie puede decir que no!

INGREDIENTES
Para 6 porciones

- Papas, 300 g
- Espinacas, 150 g
- Acelga, 150 g
- Huevos, 4
- Leche, 300 cc
- Nuez moscada, una pizca
- Spray vegetal

INFORMACIÓN NUTRICIONAL
(por porción)

- Calorías: 133
- Hidratos de carbono: 13,7 g
- Proteínas: 7,25 g
- Grasas: 5,5 g
- Potasio: 220 mg

1 Introducir las papas con su piel en una olla con agua fría, llevar al fuego y cocinar durante 20 minutos, aproximadamente, hasta que estén tiernas. Pelarlas y pasarlas por el pasapuré.

2 Limpiar muy bien la espinaca y la acelga, retirar las pencas y cocinar durante 3 minutos en agua hirviente. Picarlas finamente con un cuchillo.

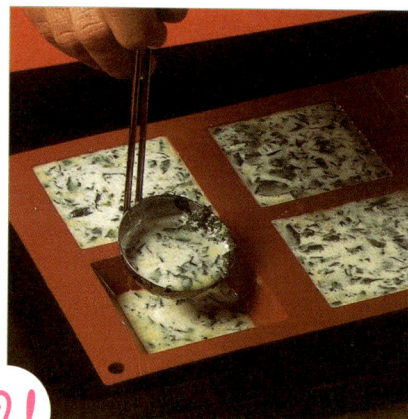

3 Mezclar el puré con la espinaca y la acelga, agregar los huevos y la leche. Condimentar con nuez moscada.

4 Verter la preparación en un molde rociado con spray vegetal. Cocinar a baño de María en horno moderado durante, aproximadamente, 20 minutos. Desmoldar.

¡QUÉ BIEN
LE HACE A TU BEBÉ!
El hierro, presente en la
espinaca, colabora con el
desarrollo mental y físico
de tu bebé.

Canelones de carne

A Piglet le gustan bien rellenitos y con salsa rosa.

INGREDIENTES
Para 6 porciones

Para los panqueques
- Harina, 125 g
- Huevos, 2
- Leche, 250 cc
- Spray vegetal

Para el relleno
- Lomo, 500 g
- Cebolla, 1
- Zucchini, 2
- Tomates pelados y sin semillas, 2

Para la salsa rosa
- Salsa filetto (véase receta en pág. 20)
- Leche
- Crema

INFORMACIÓN NUTRICIONAL
(por porción)

- Calorías: 225,6 (sin salsa) y 233,9 (con salsa)
- Hidratos de carbono: 17,9 g
- Proteínas: 21,6 g
- Grasas: 7,8 g

1 Tamizar la harina. Mezclar muy bien los huevos con la leche y verter la mezcla sobre la harina. Revolver utilizando un batidor hasta obtener una mezcla homogénea y sin grumos. Si fuera necesario, colarla o licuarla para que quede lisa.

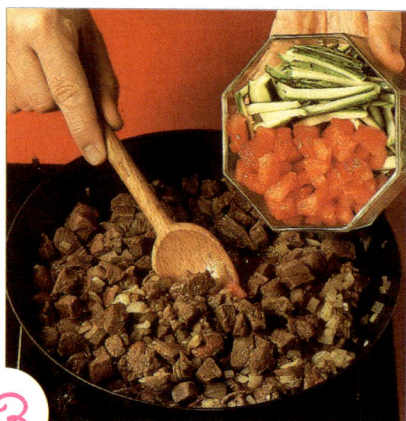

2 Rociar la panquequera con spray vegetal y verter una pequeña cantidad de la mezcla para hacer un panqueque bien finito. Una vez cocida la base, dar vuelta. Realizar de la misma manera todos los panqueques. Reservar.

3 Cortar el lomo en cubos pequeños y dorarlos junto con la cebolla picada en una sartén rociada con spray vegetal. Añadir la piel del zucchini cortada en juliana y los tomates cortados en cubitos. Cocinar durante 10 minutos más a fuego bajo.

4 Rellenar los panqueques y enrollarlos formando canelones. Servir calientes acompañados por salsa rosa preparada con salsa filetto, crema y leche.

Isla flotante

Winnie siente que viaja en bote cuando come este postre movedizo.

1 Caramelizar un molde a elección. Puede ser de budín inglés, savarin, etc.

2 Colocar las claras en un recipiente bien limpio y batir a punto nieve agregando el azúcar en forma de lluvia hasta obtener un merengue.

3 Llenar el molde acaramelado con el merengue, presionando muy bien la superficie, para alisarla.

4 Cocinar en horno muy suave (160°) a baño de María durante 40 minutos, hasta que tome consistencia. Dejar enfriar y desmoldar.

¡QUÉ BIEN
LE HACE A TU BEBÉ!
Un postre a base de
claras de huevo es una
buena forma de
incorporar la cotidiana
ración de proteínas
que necesita tu bebé.

Una tarde con sabor

Cuando hace falta reponer fuerzas para seguir jugando, los amigos comparten esta sabrosa y nutritiva merienda.

Barritas de avena

1 Disolver sobre el fuego la miel con el azúcar y la manteca. Retirar del fuego y agregar la avena y las pasas de uva. Mezclar muy bien.

2 Disponer la preparación en una placa para horno de 20 x 25 cm rociada con spray vegetal. La mezcla no debe superar un alto de 1 y 1/2 cm. Cocinar durante 10 minutos en horno fuerte. Cortar en barritas o cuadrados.

Milk shake

1 Colocar los ingredientes en el vaso de la licuadora y accionar hasta que quede espumoso y perfectamente integrado el dulce de leche. Degustar e incorporar azúcar si fuera necesario.

Sándwiches para el picnic

Sándwiches de peceto

INGREDIENTES
Para 6 unidades
- Peceto, 1
- Hierbas variadas, 3 cucharadas
- Spray vegetal
- Pan lactal blanco, 12 rodajas
- Queso crema
- Tomates, 2
- Lechuga, cantidad necesaria

INFORMACIÓN NUTRICIONAL
(por porción)
- Calorías: 245,22
- Hidratos de carbono: 21,33 g
- Proteínas: 21,6 g
- Grasas: 8,18 g

Precalentar el horno, espolvorear el peceto con las hierbas picadas y cocinarlo sobre una placa rociada con spray vegetal. Una vez cocido y frío, cortar el peceto en fetas bien finitas. Armar los sándwiches con queso crema, 2 ó 3 rodajas de peceto, el tomate cortado en rebanadas y una hoja de lechuga.

Sándwiches de atún

INGREDIENTES
Para 6 unidades
- Morrón, 1
- Atún al natural, una lata
- Choclo cocido y desgranado, 1
- Pancitos de viena, 6
- Manteca, cantidad necesaria

INFORMACIÓN NUTRICIONAL
(por porción)
- Calorías: 103
- Hidratos de carbono: 22,56 g
- Proteínas: 2,46 g
- Grasas: 0,33 g

Colocar el morrón sobre una tostadora y quemarlo para retirarle fácilmente la piel. Una vez pelado, cortarlo en cubitos. Desmenuzar el atún y mezclarlo en un bol con el morrón y el choclo. Untar los pancitos con muy poca manteca y rellenarlos con la mezcla de atún.

Sándwiches vegetarianos

INGREDIENTES
Para 3 unidades
- Espinaca, 6 hojas
- Pan negro, 6 rodajas
- Manteca, cantidad necesaria
- Huevos duros, 2
- Queso mozzarella, 100 g
- Tomate, 1

INFORMACIÓN NUTRICIONAL
(por porción)
- Calorías: 201,56
- Hidratos de carbono: 12,53 g
- Proteínas: 13,5 g
- Grasas: 5,23 g

Lavar muy bien las hojas de espinaca, quitarles los cabitos y cocinarlas en agua hirviente durante 4 ó 5 minutos. Tostar los panes y untarlos con un poquito de manteca, armarlos con las hojas de espinaca, rodajas de huevo duro, el queso cortado en láminas y varias rodajas de tomate.

Tip
Las hojas de espinaca crudas también son muy ricas y nutritivas. Elígelas bien tiernas.

Crème Brûlée para festejar con los amigos

Winnie celebra las ocasiones especiales con este rico postre.

INGREDIENTES
Para 6 porciones

- Yemas, 4
- Azúcar, 80 g
- Leche, 200 cc
- Crema, 300 cc
- Esencia de vainilla, unas gotas
- Azúcar para espolvorear, cantidad necesaria

INFORMACIÓN NUTRICIONAL
(por porción)

- Calorías: 209,66
- Hidratos de carbono: 15 g
- Proteínas: 3,66 g
- Grasas: 15 g

1 Batir a blanco las yemas con el azúcar y agregar la leche y la crema. Colar y dejar reposar durante, aproximadamente, una hora.

2 Retirar la espuma que se haya formado en la superficie de la preparación y agregar la esencia de vainilla.

3 Verter en moldecitos individuales. Elegir recipientes playos para que la mezcla no sobrepase los 2 cm de altura. Cocinar en horno suave durante una hora, aproximadamente.

4 Una vez frío, espolvorear con el azúcar y caramelizar con soplete de cocina o con planchita de hierro caliente.

Miel
Miel

18 a 24 meses
¡Ya come de todo!

Y ya llegamos al final de un viaje a lo largo del cual tu bebé aprendió a comer todo tipo de alimentos sanos, ricos y nutritivos de la mano de Winnie y sus amigos del bosque.

LA COMIDA FAMILIAR, REUNIONES, FIESTAS Y SALIDAS

En esta etapa ya se le puede pedir al niño que se comporte bien en la mesa, tanto en la comida familiar como cuando vienen visitas o durante una fiesta. Puedes pedirle que haga pequeños encargos, de forma tal de incluirlo en los preparativos. Cuando está en la mesa, no lo retes en público si no cumple con las normas que se le han enseñado. Trata que el bebé disfrute de ese momento y que no se convierta en el centro único de atención, ya sea por retarlo o porque realiza monerías. Poco a poco comprenderá que es un momento para compartir y que él es parte de un grupo de personas que, además de alimentarse, comparten un buen momento. Si deseas comer afuera, toma las precauciones necesarias. En la actualidad hay restaurantes con juegos, que resultan muy cómodos, ya que es muy difícil que un niño de esta edad se quede sentado en su silla todo el tiempo. Se ofrecen menúes infantiles, que generalmente incluyen muchos fritos. Por lo tanto, una buena opción es compartir una porción de un plato de adulto o pedir media porción. Sin embargo, permítele a tu hijo elegir su comida y no dudes en hacer una excepción si las salidas no son habituales. Para estas salidas, no olvides llevar babero. Algunos niños prefieren también comer con sus cubiertos y su vaso.

Respecto de los restaurantes de comidas rápidas, que incluyen regalos para los chicos y tienen espacios de juego, conviene no tomar una postura crítica. Es importante que el niño los vea como una alternativa más entre otras posibilidades y no como un lugar prohibido. Si un chico tiene propuestas variadas y creativas de alimentación desde bebé, a medida que crece podrá discriminar las distintas ofertas.

MENÚ TIPO PARA ESTA ETAPA
Desayuno
- Leche chocolatada
- Tostadas con queso crema y mermelada

Almuerzo
- Guiso de lentejas
- Mousse de frutillas del bosque de los cien acres

Merienda
- Leche
- Muffins de banana

Cena
- Brochettes de pollo marinadas
- Barquitos de papa
- Manzana asada

Minitartas con rellenos nutritivos

Sabores divertidos y variados para compartir en la mesa familiar o en un día de campo.

INGREDIENTES

Masa básica para tarta salada
Para 6 minitartas de 8 cm de diámetro
- Manteca, 100 g
- Huevos, 2
- Sal, una pizca
- Harina, 300 g
- Spray vegetal

OPCIONES DE RELLENOS

Relleno Nº 1
Para 6 minitartas
- Espinacas, 400 g
- Cebolla rallada, 1
- Sal, a gusto

Relleno Nº 2
Para 6 minitartas
- Champiñones, 100 g
- Jamón cocido, 150 g
- Queso rallado, 2 cucharadas
- Sal, a gusto

Relleno Nº 3
Para 6 minitartas
- Manzana verde, 1
- Pollo cocido, 200 g
- Sal, una pizca
- Azúcar, 1 cucharadita

Para la ligazón
Para 6 minitartas
- Huevos, 2
- Leche, 300 cc
- Sal
- Nuez moscada

1 **Para la masa.** Mezclar la manteca con los huevos, añadir la harina mezclada con la sal y trabajar muy bien hasta formar una masa tierna. Dejar descansar durante 2 horas en la heladera.

2 Estirar la masa, pincharla con un tenedor y forrar con ella los moldes para las tarteletas, rociados previamente con spray vegetal. Cocinar sin el relleno durante 5 minutos en el horno.

3 **Para el relleno.** Para el primero, cocinar las espinacas al vapor y picar finamente. Incorporar la cebolla rallada y salar. Para el Nº 2 limpiar y filetear los champiñones, cortar el jamón cocido en juliana y mezclar con el queso rallado. Condimentar con poca sal. Para el Nº 3 cortar el pollo y la manzana en daditos, mezclar y agregar la sal y el azúcar.

4 **Para la ligazón.** Batir los huevos, añadir la leche y condimentar con sal y nuez moscada. Mezclar con la preparación del relleno elegido. Colocar la mezcla sobre cada minitarta y concluir la cocción en el horno, hasta que el relleno se note firme.

INFORMACIÓN NUTRICIONAL

relleno Nº 1
(por porción)
- Calorías: 244,3
- Hidratos de carbono: 11,16 g
- Proteínas: 6,83 g
- Grasas: 19,16 g

relleno Nº 2
(por porción)
- Calorías: 293,3
- Hidratos de carbono: 9,9 g
- Proteínas: 13 g
- Grasas: 22,4 g

relleno Nº 3
(por porción)
- Calorías: 288
- Hidratos de carbono: 10,6 g
- Proteínas: 13 g
- Grasas: 21,15 g

Almuerzo en alta mar

Filetes de pescado con salsa de verduras

INGREDIENTES
Para 2 porciones

- Filetes de merluza, 2
- Aceite, 2 cucharadas
- Zanahorias, 2
- Puerro, 1
- Piel de 2 zucchini
- Remolacha cocida al vapor, 1
- Sal, una pizca
- Queso crema, 100 g
- Leche, 100 cc

INFORMACIÓN NUTRICIONAL
(por porción)

- Calorías: 627
- Hidratos de carbono: 12 g
- Proteínas: 39 g
- Grasas: 47 g
- Fósforo: 400 mg
- Potasio: 454 mg

1 Cocinar los filetes de merluza a la plancha y reservar. Cortar las verduras en fina juliana y saltearlas en el aceite caliente, colocar primero las zanahorias, luego el puerro y por último la piel de los zucchini y la remolacha también cortada en juliana. Salar y continuar la cocción durante unos minutos.

2 Agregar el queso crema y la leche y continuar hasta que las verduras estén tiernas y la salsa tenga una consistencia cremosa. Servir los filetes calientes y bañados con la salsa de verduras.

Barquitos de papa

INGREDIENTES
Para 2 porciones

- Papas, 2
- Leche, cantidad necesaria
- Choclo, 100 g
- Arvejas, 100 g
- Pollo cocido y cortado en cubitos, 200 g
- Sal
- Nuez moscada
- Queso semiduro, cantidad necesaria
- Morrón pelado, cantidad necesaria

INFORMACIÓN NUTRICIONAL
(por porción)

- Calorías: 302
- Hidratos de carbono: 27,5 g
- Proteínas: 25,5 g
- Grasas: 10 g
- Fibras: aportadas por el choclo y las arvejas.

1 Lavar muy bien las papas y cocinarlas con piel en horno moderado durante 30 ó 40 minutos, hasta que estén bien cocidas. Partir cada papa por la mitad y retirarles también las puntas para poder mantenerlas paradas.

2 Con ayuda de una cuchara, ahuecar cada mitad y con la pulpa extraída hacer un puré, agregándole la leche. Incorporar el choclo, las arvejas y el pollo. Condimentar con la sal y la nuez moscada. Volver a rellenar cada papa. Con un queso semiduro y con morrón pelado imitar las velas de los barquitos.

Guiso de lentejas

Las noches de invierno en el bosque se vuelven cálidas gracias a este reconfortante guiso.

INGREDIENTES
Para 4 porciones

- Lentejas, 150 g
- Puerro, 150 g
- Apio, 60 g
- Zanahoria, 200 g
- Aceite, 1 cucharada
- Caldo, 1/2 l
- Papas, 400 g
- Sal, a gusto

INFORMACIÓN NUTRICIONAL
(por porción)

- Calorías: 297,5
- Hidratos de carbono: 46,57 g
- Proteínas: 11,1 g
- Grasas: 7,5 g
- Hierro: 2,51 mg
- Potasio: 296,25 mg

1 Picar el puerro, el apio y la zanahoria y saltearlos con el aceite. Cocinar durante, aproximadamente, 5 minutos.

2 Agregar las lentejas, cubrir con el caldo y agregar las papas cortadas en cubitos.

3 Llevar a punto de ebullición, bajar el fuego y cocinar durante 30 minutos, hasta que los vegetales y las lentejas estén bien tiernos. Condimentar con sal a gusto.

Muffins
de banana con miel

INGREDIENTES

Para 15 muffins, aproximadamente

- Manteca, 100 g
- Azúcar, 120 g
- Miel, 2 cucharadas
- Bananas pisadas, 2
- Esencia de vainilla, unas gotas
- Huevos, 2
- Harina, 300 g
- Leche, 120 cc

Para la cobertura

- Queso crema, 125 g
- Azúcar, 3 cucharadas
- Ralladura de un limón

INFORMACIÓN NUTRICIONAL
(por porción)

- Calorías: 211,94
- Hidratos de carbono: 31,7 g
- Proteínas: 3,80 g
- Grasas: 7,75 g

Infaltables para acompañar la leche. Así los prepara Pooh, ¡con mucha miel!

1 Llevar a fuego hasta que se derritan la manteca, el azúcar y la miel. Retirar, dejar enfriar y agregar las bananas, la esencia de vainilla y los huevos, de a uno, batiendo después de cada incorporación.

2 Tamizar la harina y agregar a la preparación anterior alternando con la leche. Ir incorporando ambos ingredientes de a poco.

3 Llenar los pirotines o moldes especiales para muffins hasta las 3/4 partes. Cocinar en horno moderado durante 10 ó 15 minutos, en función del tamaño de las magdalenas.

4 Para la cobertura: mezclar el queso con el azúcar y la ralladura de limón y untar con esta preparación los muffins, o partirlos por la mitad y rellenarlos.

Cous cous con hortalizas

Una receta que Búho trajo desde muy lejos.

INGREDIENTES
Para 2 porciones

- Aceite,
  1 cucharada
- Cebolla, 1/2
- Champiñones,
  100 g
- Caldo, 1 taza
  de café
- Cous cous, 1 taza
  de café
- Manteca,
  1 cucharada
- Arvejas, 1/2 lata
  (4 cucharadas)
- Choclo, 1/2 lata
  (4 cucharadas)
- Tomate pelado
  y sin semillas

INFORMACIÓN NUTRICIONAL
(por porción)

- Calorías: 419,8
- Hidratos de
  carbono: 35,7 g
- Proteínas: 8,45 g
- Grasas: 27 g

1 Picar la cebolla y rehogarla durante 5 minutos con el aceite sin que llegue a dorarse. Agregar los champiñones fileteados, salar y continuar la cocción durante 3 minutos más.

2 Agregar el caldo a la sartén con verduras y, cuando comience a hervir, incorporar los granos de cous cous. Revolver, apagar el fuego y dejar reposar durante 5 ó 7 minutos hasta que se hinche.

3 Agregar la manteca y revolver muy bien para que se derrita junto con la preparación caliente.

4 Añadir las arvejas, los choclos y el tomate cortado en cubos pequeños.

Brochettes de pollo marinadas

Para que tu bebé no se aburra de un alimento tan importante como el pollo, Igor inventó esta sabrosa y original forma de presentarlo.

INGREDIENTES
Para 4 porciones

Para la marinada
- Miel, 2 cucharadas
- Jugo de naranja, unas gotas
- Aceite de oliva, 1/2 cucharada
- Salsa de soja, 1 cucharada

Para las brochettes
- Supremas de pollo, 2
- Sal
- Pan tostado, 4 rebanadas
- Tomate, 2
- Zucchini, 1
- Spray vegetal

INFORMACIÓN NUTRICIONAL
(por porción)

- Calorías: 642,5
- Hidratos de carbono: 94 g
- Proteínas: 25 g
- Grasas: 18,5 g

1 Mezclar en un recipiente los ingredientes de la marinada. Cortar el pollo en cubos no muy pequeños, salar y agregar a la marinada. Dejar macerar durante una hora, aproximadamente.

2 Cortar en cuadrados el pan tostado, el tomate en gajos y el zucchini en ruedas.

3 Armar las brochettes intercalando el pollo marinado con el zucchini, el tomate y el pan.

4 Colocar las brochettes en una placa para horno rociada con spray vegetal, pintarlas con la marinada y llevar a horno moderado, rotándolas de vez en cuando y rociándolas con la marinada hasta que se doren de todos lados.

Mousse de frutillas

del Bosque de los Cien Acres

Una suave mousse que le permitirá a tu bebé descubrir el sabor de las frutillas y aprovechar toda su vitamina C.

1 Lavar muy bien las frutillas, sin sacarles los cabitos. Una vez limpias, retirarles la parte verde y pisarlas con un tenedor para obtener un puré.

2 Batir la crema a medio punto e incorporarla a la preparación anterior.

3 En un bol batir las claras. Agregar el azúcar en forma de lluvia hasta formar un merengue.

4 Mezclar el puré y el merengue con movimientos envolventes para mantener la preparación aireada. Dejar enfriar en la heladera y servir en compoteras.

INGREDIENTES
Para 6 porciones

- Frutillas, 300 g
- Crema, 150 cc
- Claras, 4
- Azúcar, 250 g

INFORMACIÓN NUTRICIONAL
(por porción)

- Calorías: 240
- Hidratos de carbono: 45 g
- Proteínas: 2,5 g
- Grasas: 5 g
- Vitamina C: 28,5 mg

Tip

Esta preparación lleva claras crudas, por lo tanto es fundamental comprobar que sean muy frescas.

Manualidades para regalar a tu bebé

Medidor de altura

¡Cómo crece tu bebé! Pooh controla día a día su crecimiento.

MATERIALES

- Tela de jean, 2 rectángulos de 1,30 m x 40 cm
- Guata, 1 rectángulo de 1,30 m x 40 cm
- Hilo de coser negro
- Diseños *(véase pág. 92)*
- Entretela termoadhesiva fina
- Recortes de frisa o tela polar en colores: verde, marrón, amarillo, rojo, azul, rosa, negro y blanco
- Pegamento vinílico en barra
- Hilo de bordar perlé negro, blanco y verde
- Tela estampada fantasía roja
- Recorte de arpillera roja
- Alambre forrado blanco, 20 cm
- Abrojo, 10 cm
- Varilla de 40 cm de largo

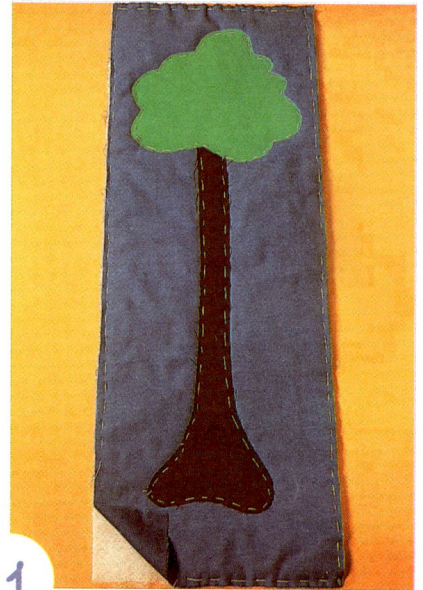

1 Hilvanar uno de los rectángulos de jean sobre la capa de guata. Calcar el diseño del tronco y la copa del árbol sobre el lado brilloso de la entretela termoadhesiva. Pegar las partes sobre el revés de las telas elegidas. Recortar las piezas por el contorno y disponerlas bien estiradas sobre el jean acolchado, dejando una franja de 15 cm libre en el extremo inferior. Hilvanar por los contornos del diseño.

Cómo confeccionar la borla de arpillera

Tomar un trozo de arpillera roja de 12 cm de largo y deshilacharlo. Anudar en el centro el manojo de hilos obtenidos. Doblar los cabos hacia abajo y volver a anudar a 2 cm de la atadura central.

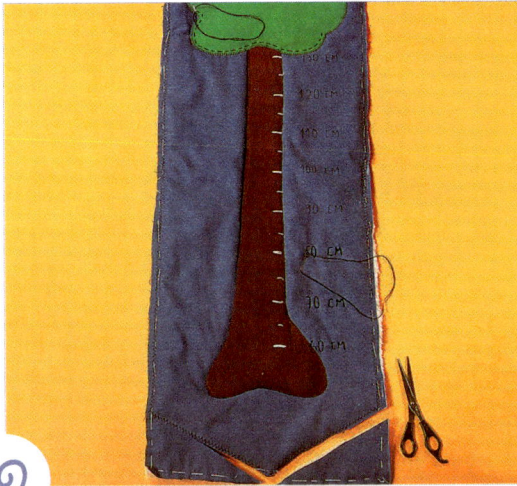

2 Aplicar el árbol con punto festón a máquina con hilo negro. Realizar a 1/2 cm del borde, en la parte inferior del diseño, puntadas en hilo perlé de color negro. Hacer a lo largo del tronco las marcas del medidor cada 5 cm y bordar las medidas de 10 en 10 comenzando en los 60 cm de altura. Marcar el contorno final con un hilván para delimitar el formato en "V" del tapiz. Recortar.

3 Calcar el diseño de Winnie Pooh en la entretela. Calcar por separado la remera. Pegar con la plancha las diferentes partes sobre el revés de las telas: amarillo para el cuerpo y la remera en rojo. Recortar por los contornos. Superponer la pieza roja sobre el cuerpo y adherirla con el pegamento en barra. Sujetar la remera con un festón a máquina con hilo negro. Marcar con lápiz los detalles del diseño y bordar a mano con hilo perlé negro.

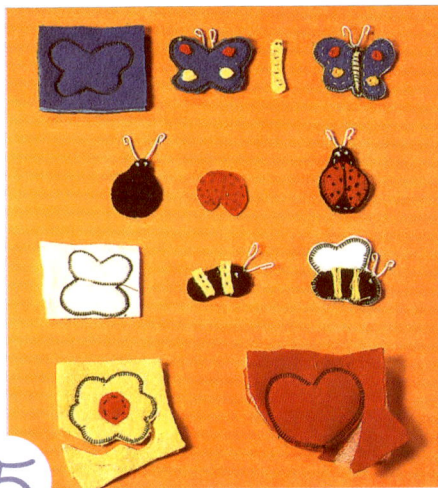

4 Ubicar la figura de Winnie Pooh sobre el tronco del árbol y aplicarlo con festón a máquina con hilo negro. Bordar a mano con hilo perlé verde el tallo de la flor y coser con punto festón negro en la parte superior la flor confeccionada con la misma técnica que el oso. Hilvanar la pieza con las aplicaciones sobre el restante rectángulo de jean. Realizar un zigzag en el borde y cortar. Ribetear el contorno del tapiz con una tira al bies de la tela roja estampada de 6 cm x 2, 6 m. Rematar la punta inferior con una borla de arpillera (véase recuadro).

5 Para cada uno de los accesorios, cortar las partes por separado en las diferentes telas siguiendo los diseños proporcionados. Superponer los detalles aplicándolos con pequeñas puntadas a mano con hilo de bordar perlé. Aplicar las antenas de alambre forrado sobre las cabezas de los insectos. Entre las 2 piezas de tela de las flores y el corazón, intercalar una capa de guata. Coser a mano una tira de abrojo en el revés de cada accesorio.

TERMINACIÓN
Realizar en el borde superior una jareta, doblando la tela hacia el revés del trabajo y pespunteándolo a 2 cm del borde. Pasar la varilla de madera y aplicar en los extremos un corazón y una flor realizados de la misma manera que el Winnie Pooh.

Pañalero de Igor

Al dulce y melancólico amigo de Winnie Pooh le gusta que todo esté ordenado y a mano. Para eso, nada mejor que este trabajo que alegrará el cuarto de tu bebé.

MATERIALES

- Diseños *(véase pág. 93)*
- Entretela termoadhesiva fina
- Recortes de frisa o tela polar en colores: violeta claro, lila, natural, fucsia, negro, blanco, azul francia, verde claro
- Pegamento vinílico en barra
- Hilo de coser negro
- Hilo de bordar negro perlé
- Guata, 1 rectángulo de 30 x 38 cm
- Tela de jean, 1 rectángulo de 1,10 m x 38 cm; 1 rectángulo de 50 x 20 cm; 2 rectángulos de 30 x 38 cm; 2 presillas de 20 x 6 cm
- Recortes de telas estampadas al tono
- 1 botón pequeño (aproximadamente, 1/2 cm de diámetro)
- 1 rectángulo de cartón de 12 x 32 cm

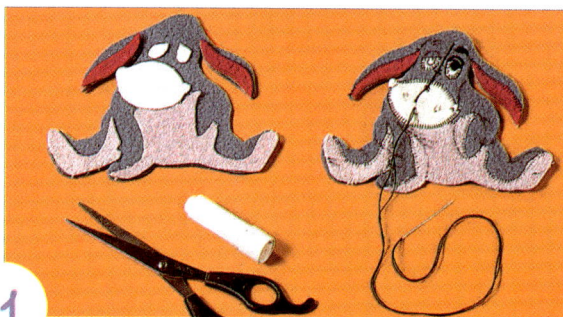

1 Calcar cada una de las partes del diseño de Igor sobre el lado brilloso de la entretela termoadhesiva. Pegar con la plancha cada pieza sobre el revés de las telas elegidas: violeta claro para el cuerpo, fucsia para el interior de las orejas, natural para la trompa, lila para el pecho y parte de las patas y blanco para los ojos. Recortar las siluetas al ras de los contornos marcados y armar el diseño superponiendo las distintas piezas y sujetándolas con el adhesivo en barra. Festonear a máquina las uniones internas del diseño con zigzag o punto fantasía con hilo negro. Con hilo de bordar negro perlé y puntadas a mano, marcar los detalles de expresión y los pliegues.

2 Para armar el corazón de jean, cortar 1 rectángulo de guata y 2 de jean de 30 x 38 cm. Disponer primero la capa de guata y encima las dos piezas de jean con sus lados claros enfrentados. Calcar el molde sobre las 3 capas de tela. Contornear el borde de la figura con costura a máquina. Recortar el excedente de tela y dar vuelta por un pequeño corte interno horizontal. Hilvanar el contorno y asentar con la plancha. Cerrar la abertura posterior con pequeñas puntadas.

3 Ubicar la figura de Igor en el centro del corazón de jean y festonear a máquina sus contornos con hilo negro. Confeccionar las crines con un fleco de tela negra (véase recuadro) y sostenerlo con pequeñas puntadas sobre la cabeza. Despeinar los flecos para dar movimiento. Formar la cola cosiendo otro fleco negro (véase recuadro) en un extremo de una tirita de tela violeta. Cubrir la unión con un moño confeccionado con tela de color fucsia y coser el botón en el extremo final. Ubicar la cola sobre el diseño de Igor. Decorar el contorno del corazón aplicando pequeños rectángulos de telas estampadas superpuestas y pespunteadas con hilo negro.

4 Cortar los bolsillos en una sola pieza de tela de jean de 20 x 50 cm. Coser, sobre el lado claro en el centro y los extremos más cortos, tiras de telas estampadas. Ribetear el borde superior con un zócalo de color fucsia. Calcar las flores y sus centros sobre la entretela y pegarla pasando la plancha del lado del revés de la tela elegida. Recortar por los contornos. Calcular el centro de cada bolsillo y aplicar las flores con hilo negro en punto festón.

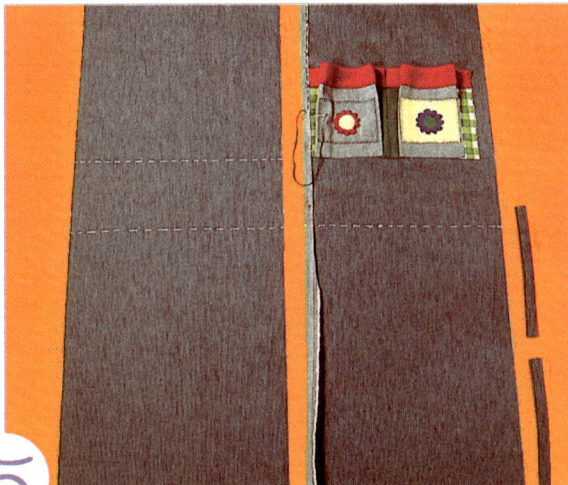

Cómo confeccionar los flecos
Tomar una tira de tela negra y cortar flecos con la tijera. Enrollar la tela sobre sí misma y terminar asegurando el trabajo con unas puntadas.

TERMINACIÓN
Colocar las presillas entre los dos extremos del cuerpo de jean. Reforzar la base forrando el cartón de 12 x 32 cm con un recorte de tela. Coser el corazón decorado en el extremo superior del trabajo.

5 Sobre el rectángulo de jean de 1,10 m x 38 cm marcar en la cara más oscura 2 líneas horizontales con hilván para delimitar la base. La primera de ellas debe estar a 49 cm del borde superior y la otra a 12 cm de la anterior. Reducir el ancho de los bolsillos, por medio de 4 pliegues, a 32 cm. Doblar el borde del bolsillo inferior con la plancha y ubicar aplicándolos con pespunte sobre la primera línea horizontal del cuerpo del pañalero. Realizar con la plancha dos dobleces hacia el frente en los laterales del pañalero y decorarlos con puntadas a mano con hilo doble de color negro. Confeccionar las 2 presillas de jean.

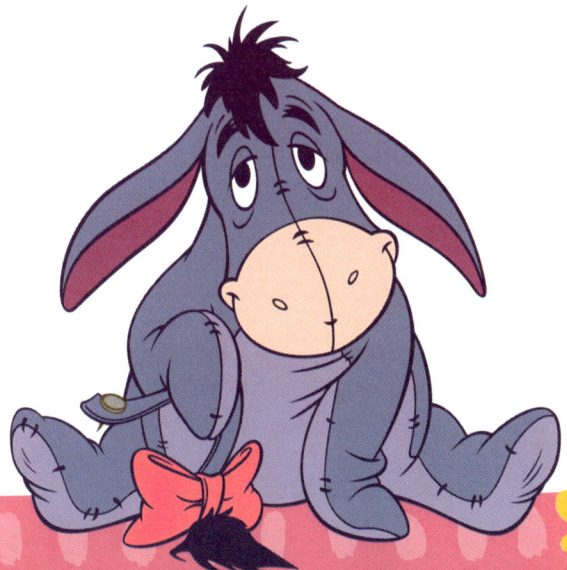

Souvenirs para toda ocasión

Encantadoras figuras en porcelana fría para entregar como recuerdo del nacimiento o del bautismo.

Winnie Pooh

MATERIALES
- Porcelana fría
- Óleos
- Estecas
- Cola vinílica
- Cortantes
- Marcador negro
- Bolillos
- Cuchillo pequeño
- Trozo de alambre fino
- Esferas de telgopor N° 2

Colores utilizados para Winnie Pooh
- Amarillo oro
- Naranja
- Rojo claro
- Negro
- Colores a elección para la mariposa

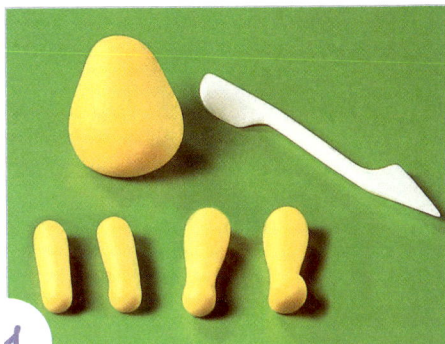

1 Cuerpo y extremidades. Para formar el cuerpo, hacer una lágrima grande sin punta en masa teñida con óleo amarillo oro y una pizca de naranja. Presionar el extremo más fino hacia atrás. Modelar las piernas a partir de dos rollos de masa del mismo tono. Formar los pies doblando hacia arriba los extremos inferiores y modelar los talones. Hacer dos rollos del mismo color para los brazos y marcar en los extremos de ambas una rayita para separar las manos.

2 Remera. Estirar muy fina una porción de masa teñida de rojo claro y cortar un círculo. Calar el centro con un cortante de hoja. Colocar esta pieza sobre la parte superior del cuerpo, en forma tal que el borde en punta de la parte extraída caiga hacia delante. Darle movimiento. Pegar con cola vinílica las piernas y los brazos al cuerpo. Adherir en los hombros las mangas obtenidas a partir de 2 rectángulos de masa roja estirada.

3 Cabeza. Modelar una lágrima de masa del mismo color del cuerpo y hundir el frente de su parte superior para formar la cuenca de los ojos. Pellizcar la zona de la frente para que sobresalga. Dibujar con una esteca la boca en forma de "U". Levantar con cuidado la nariz, redondear y respingar. Abrir la boca con un bolillo y marcar las comisuras con un cuchillito. Redondear las mejillas. Modelar un triángulo pequeño de masa negra para simular la nariz y 2 lágrimas al tono de la cabeza para las orejas. Pegar cada elemento en el lugar correspondiente.

4 Mariposa. Estirar masa teñida de un color a elección y cortar con un cortante de mariposa. Decorar con trocitos de masa teñidos de distintos colores. Hacer bolitas de masa de un color y pegarlas alineadas en el centro del cuerpo. Atravesar la mariposa con un alambre fino e insertarla en la nariz de Winnie Pooh.

TERMINACIÓN
Para dar una buena terminación a la remera, cortar una tirita de masa al tono y pegarla alrededor del cuello. Una vez seco el trabajo, dibujar los ojos y las cejas con marcardor.

Piglet

Colores utilizados para Piglet

- Magenta
- Naranja
- Color a elección para el globo

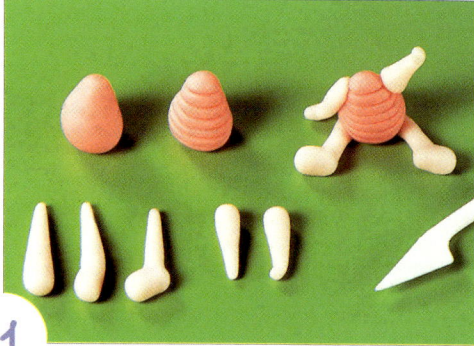

1 **Cuerpo y extremidades.** Para formar el torso, hacer una lágrima sin punta de masa teñida con óleo magenta y una pizca de naranja. Marcar con la esteca líneas horizontales que rodeen el cuerpo. Para formar las piernas, hacer dos lágrimas estilizadas en un tono más claro. Para obtener este color, agregar masa natural a la teñida anteriormente. En la parte gruesa formar el pie doblando la punta hacia arriba. Marcar el talón. Pegar la pierna debajo del cuerpo. Hacer otras 2 lágrimas más pequeñas en el mismo tono, para formar los brazos, y doblar las puntas para modelar las manos. Pegar a los costados del cuerpo.

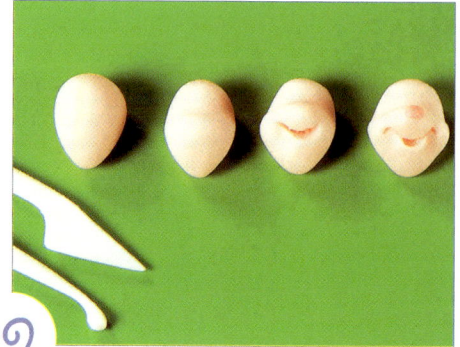

2 **Cabeza.** Modelar una lágrima de masa teñida del mismo color que las extremidades y orientar la punta hacia abajo. Hundir el frente de la parte superior para formar la cuenca de los ojos. Dibujar la boca con una esteca de filo y cortarla. Levantar la nariz redondeando y respingándola con un bolillo chico. Abrir la boca con el bolillo y marcar las comisuras con un cuchillo. Redondear las mejillas. En la punta de la nariz, pegar un cuadradito de masa de un tono más oscuro que la cabeza.

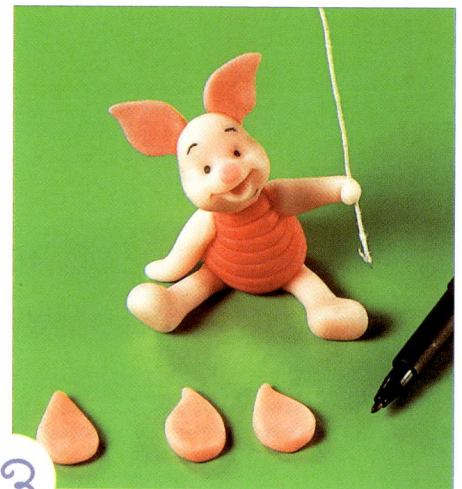

3 Para formar las orejas, hacer dos lágrimas de masa del mismo color que la nariz, aplanarlas y pegarlas en la parte superior del muñeco con las puntas hacia afuera. Una vez seco el trabajo, dibujar los ojos y las cejas con marcador. Antes de que se endurezca totalmente, atravesar la mano con un alambre. En su extremo se insertará luego el globo.

Igor

Colores utilizados para Igor
- Azul cobalto
- Violeta
- Magenta
- Blanco
- Negro
- Naranja claro
- Color a elección para el globo

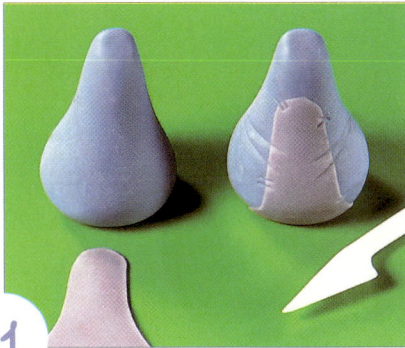

1 Cuerpo. Modelar el cuerpo a partir de una lágrima estilizada de masa teñida con óleo azul cobalto. Estirar finamente una porción de masa teñida de violeta y cortar una forma que cubra el frente del cuerpo. Pegar con cola vinílica y, con una esteca, marcar rayitas para simular arrugas y puntadas de unión entre ambos colores.

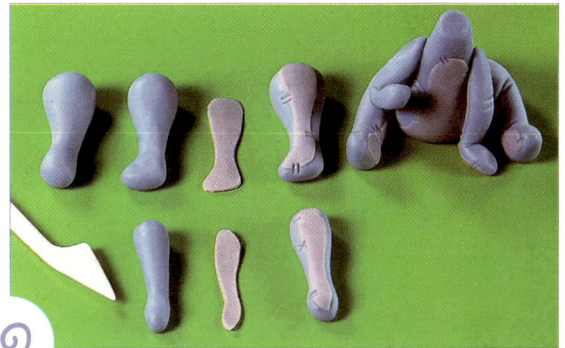

2 Piernas y brazos. Amasar dos rollos al tono del cuerpo para las piernas y afinar a la altura del tobillo. Formar el pie doblando hacia arriba la masa y modelando el talón. Cortar la silueta de ambas piernas en la masa violeta estirada. Pegarlas sobre las extremidades y simular con la esteca puntadas de unión entre ambos colores. Pegar las piernas a los costados del cuerpo. Hacer dos rollos más finos del mismo color para formar los brazos y afinar a la altura de la muñeca. Con la masa estirada violeta repetir lo que se hizo en las piernas. Pegar los brazos al cuerpo.

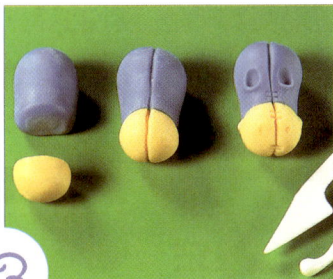

3 Cabeza. Hacer un rollo de masa teñida de azul cobalto y aplanar uno de sus extremos. Formar el hocico a partir de una bolita de masa teñida de naranja. Aplanarla para obtener una semiesfera y pegar sobre la forma azul. Marcar una línea vertical en el medio de la cabeza. En la parte inferior del hocico, dibujar una línea curva como boca. Ahuecar las cuencas de los ojos con un bolillo. Con un bolillo más chico, marcar los orificios de la nariz y las comisuras de la boca.

4 Orejas. Hacer un rollito azul cobalto, afinar ambos extremos y aplastar. Hacer una forma igual de menor tamaño y en color rosa. Superponer las dos formas y presionarlas. Pegar las orejas a ambos lados de la cabeza. Rellenar las cuencas de los ojos con dos bolitas de masa blanca. A partir de pequeñas lágrimas de masa negra, decorar con crines la cabeza y el cuello.

5 Cola. Estirar masa azul cobalto y cortar una tira larga. Hacer una pequeña lágrima de masa negra y texturarla con rayas verticales para desflecarla. Pegarla a la tira azul y tapar la unión con un moño de masa rosa. Para realizar el moño, estirar masa teñida y cortar una cinta más ancha que la cola. Llevar los extremos al centro, fruncir y cubrir el frunce con una tirita de masa. Pegar la cola y la cabeza al cuerpo.

TERMINACIÓN

Una vez seco el trabajo, dibujar dos óvalos negros con marcador sobre los ojos. Con masa estirada azul cobalto hacer los párpados utilizando un semicírculo para cada uno. Dibujar las cejas con marcador. Colocarle el globo en una de las manos.

Tigger

1

Cuerpo. Modelar un rollo grande de masa teñida con óleo naranja. Aplastar y cortar al medio la mitad del rollo, para obtener las piernas. Redondear cada extremidad y doblar los extremos para formar los pies. Marcar los talones. Afinar los tobillos y separar las piernas. Pellizcar la parte superior del torso para obtener el cuello. Estirar masa teñida de amarillo, cortar un óvalo y pegar sobre la parte delantera del cuerpo.

4

Zona de los ojos. Estirar masa teñida de amarillo y cortar una forma rectangular. Pegar a la cabeza para delimitar el sector de los ojos. Con masa negra hacer dos rollitos muy finos y pegarlos en el lugar de las cejas.

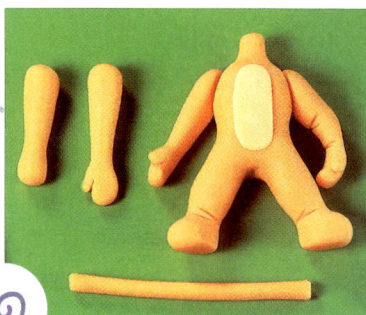

2

Brazos y cola. Hacer dos rollitos del mismo color del cuerpo y afinar a la altura de la muñeca. Aplastar el extremo para formar la mano y hacer un corte para separar el dedo pulgar. Pegar los brazos al cuerpo. Para realizar la cola, hacer un rollito fino y parejo del mismo tono.

5

Orejas. Hacer 2 lágrimas de masa naranja y aplanarlas. De igual forma, modelar otras 2 lágrimas más chicas de masa amarilla. Ubicarlas sobre las lágrimas naranjas y presionar para que se peguen entre sí. Pegar las orejas a la cabeza.

TERMINACIÓN

Una vez seco el trabajo, hacer los ojos con marcador negro y dibujar las manchas del cuerpo. Insertar en una mano el alambre para luego clavar el globo.

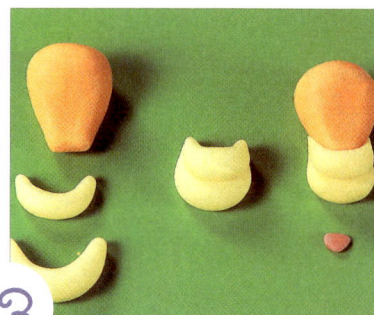

3

Cabeza. Modelar una lágrima sin punta de masa naranja y aplanar el sector más fino. Hacer dos rollitos de masa amarilla y afinar sus extremos, dejando uno más grande que el otro. Doblar las puntas hacia arriba formando una medialuna. Ubicar el rollo más pequeño sobre el mayor, pegarlos entre sí, y adherir la forma obtenida sobre la cabeza. Hacer con masa rosa un triangulito para la nariz y pegarla sobre el labio superior.

Globos

1

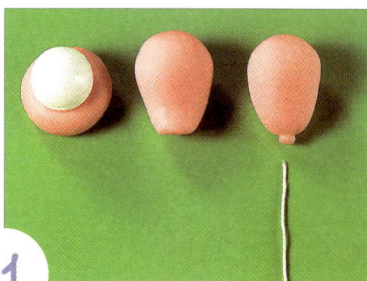

Formar una bolita de masa del doble del volumen de la esfera de telgopor N° 2. Introducir la esfera dentro de la bolita de masa y cubrirla totalmente. Llevar el excedente de masa hacia arriba para obtener un cuerpo ovalado. Rematar con una bolita pequeña y por allí insertar el alambre. Proceder de la misma manera con todos los globos, utilizando masa de distintos colores.

Set de mesa pintado

Winnie Pooh acompaña a tu bebé
para que cada una de sus comidas se convierta en una fiesta.

MATERIALES

- Diseños *(véase pág. 93)*
- Papel de calcar
- Lápiz de grafito
- Piezas de porcelana
- Bolillo fino o lapicera sin tinta
- Pinturas para porcelana (150° para horno de cocina) en colores: blanco, amarillo, azul, rojo, estérel
- Pinceles chatos y redondos

Preparación de las piezas

Calcar el dibujo y por el revés repasar sus contornos con el lápiz de grafito. Ubicar el diseño en el centro de la pieza con las marcas de lápiz hacia abajo. Con un bolillo fino o una lapicera sin tinta, remarcar el motivo por el derecho para transferirlo sobre la superficie de la pieza.

1 Pintar las bandas de la guarda del contorno con amarillo, usando un pincel chato. Con un pincel redondo, trabajar los motivos más pequeños combinando los diferentes colores. Con azul y una pizca de estérel, delinear toda la silueta de Pooh.

2 Con un pincel chato y una mezcla de blanco, azul y una pizca de estérel, cubrir el fondo del círculo central. Dejar secar y dar un segunda capa de color. Con rojo puro, pintar la remera. Con una mezcla de amarillo y una pizca de estérel, tonalizar el cuerpo y la cara. Dejar secar y aplicar sucesivas manos livianas de pintura.

3 Con un pincel fino, delinear toda la figura. Con amarillo y un pincel chato, filetear el borde del plato haciéndolo girar sobre sí mismo. Dejar secar durante 24 horas. Colocar la pieza dentro del horno frío, encenderlo y llevar a una temperatura de 150°. Cocinar durante 35 minutos, apagar el horno y, una vez frío, retirar la pieza.

Diseños

26 cm

29 cm

32 cm

130 cm
120 cm
110 cm
100 cm
90 cm
80 cm
70 cm
60 cm

80 cm

12 cm

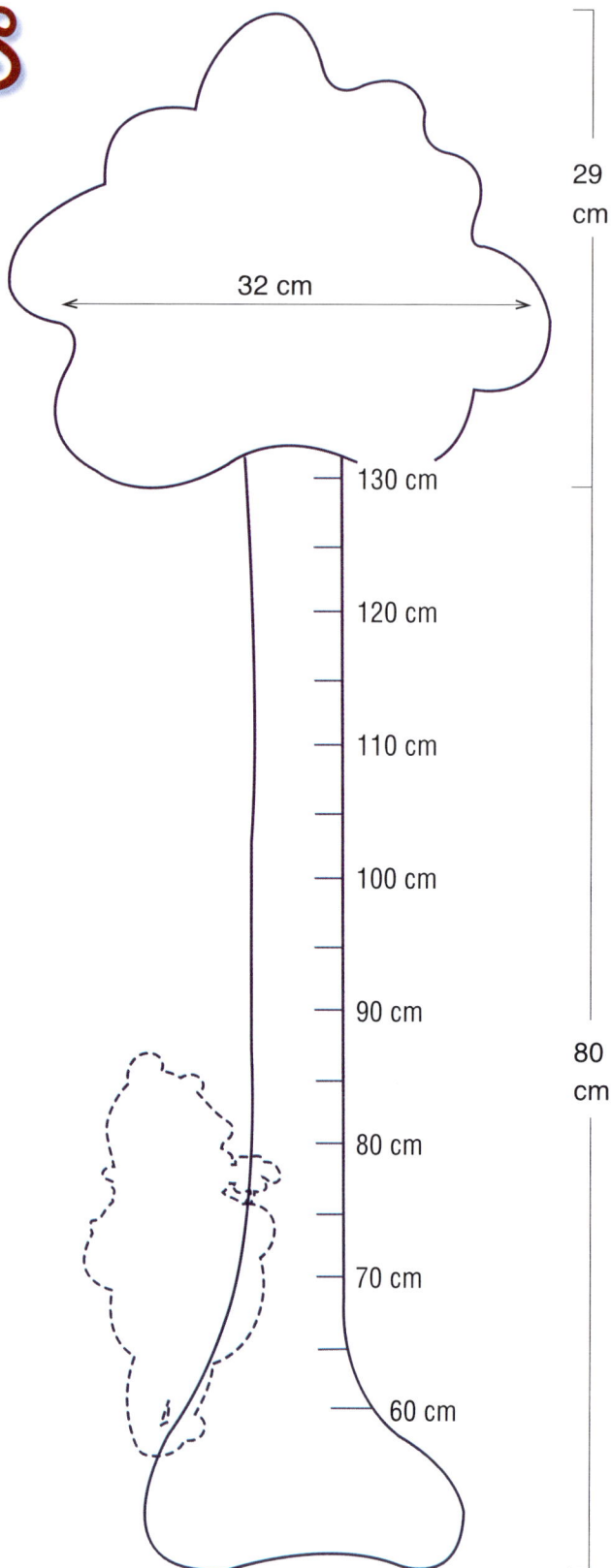

Medidor de altura

Ampliar los diseños por medio de fotocopia a las medidas indicadas.

23 cm

5 cm

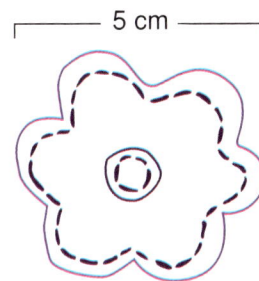

Pañalero de Igor

Ampliar los diseños por medio de fotocopia a las medidas indicadas.

Set de mesa pintado

Ampliar o reducir los diseños por medio de fotocopia según el tamaño de la pieza donde se aplicarán.

Índice

12 a 18 meses

Comidas en familia

18 a 24 meses

¡Ya come de todo !

Manualidades para regalar a tu bebé

Diseños

Colaboraron en este libro:

Silvina Bermingham
Se apasionó por la cocina
desde muy chica. Más adelante
estudió en el Instituto Argentino
de Gastronomía, de donde egresó.
Actualmente forma parte
del equipo de especialistas
del programa *Mi bebé* que
se emite por **Utilísima Satelital**.

Stella Maris García
Es nutricionista egresada de la
Universidad Nacional de Córdoba.
Actualmente se desempeña como
jefa del área de Nutrición
del Sanatorio de la Trinidad
de la ciudad de Buenos Aires.
Desde 1996 brinda sus consejos
sobre nutrición de bebés en el
programa *Mi bebé* que se emite
por **Utilísima Satelital**.

Winnie Pooh, el osito más
goloso del Bosque de los Cien
Acres, conoce como nadie las
comidas que más les gustan a los
chicos y que más los alimentan.
Este adorable amigo, que
conquistó el corazón de grandes
y chicos, le enseñará a tu bebé,
a través de las recetas de este libro,
a disfrutar de los alimentos más
sanos y nutritivos.

Agradecemos también a **Marina Orcoyen**, **Martha Cacacio** y
Leticia Suárez del Cerro por las creaciones únicas que
presentaron en este libro para sorprender y alegrar a tu bebé.